公益社団法人 全国経理教育協会 主催
社会人常識マナー検定試験 準拠

全経公式テキスト

社会人常識マナー
検定テキスト 1級

第1版

はじめに

本書は、公益社団法人 全国経理教育協会が主催する「社会人常識マナー検定」
1級を対象とした学習教材です。

社会人常識マナー検定は、社会人として必要な知識、コミュニケーション力お
よびマナーの習得を促す検定です。
中でも1級は、幅広い社会常識を十分に理解し、高度な業務を処理できる知識
やビジネスマナーを活用し、リーダーシップなどさまざまなビジネスの場面で
発揮できるコミュニケーション能力の習得を促しています。

この検定の合格へ導くテキストとして、本書は以下のポイントを踏まえて作成
されました。
　■検定試験を作問する先生方による丁寧な解説
　■イラストや図表を多用した分かりやすい内容
　■現場や時代に即した実践的内容

また、社会人常識マナー検定1級の出題内容は、「社会人常識マナー検定テキ
スト2・3級」の要素を発展させたものとなってもいます。したがって、本書
は1級を受験される方はもちろん、2・3級取得者のさらなる学習教材として
も活用できます。また、企業の研修や企業人のキャリアアップにも役立ててい
ただけることと思います。

本書をもとに学びを深めて、一人でも多くの方が社会人常識マナー検定1級に
合格し、ビジネスの世界で活躍していかれることを期待しております。

2019年3月

編者

目次

第1編　社会常識 …………………… 11

第1章　社会と組織

第2章　企業と経営

第3章　一般知識

社会人常識マナー検定試験について

（受験要項より抜粋）

社会人常識マナー検定試験問題は、この基準により作成する。

3級

社会・組織の一員として必要不可欠な社会常識を理解し、初歩的な仕事を処理するために必要な知識やビジネスマナーを学び、社内外の人と良好な関係を築くために求められるコミュニケーション能力を習得している。

2級

企業・社会のしくみと一般的な社会常識を理解し、仕事を処理するために必要な知識やビジネスマナーを身に付け、自ら築いた人間関係を良好に保つために必要なコミュニケーション能力を習得している。

1級

企業・社会のしくみと幅広い社会常識を十分に理解し、目標達成のために自ら率先して高度な業務を処理できる知識やビジネスマナーを活用し、後輩指導・グループをまとめるリーダーシップ・トラブル対応などさまざまなビジネス場面で発揮できるコミュニケーション能力を習得している。

　各級の出題範囲は次の社会人常識マナー検定試験問題出題範囲とする。ただし、下級の範囲を包含し、同一項目、同一範囲については級の上昇に応じて問題内容が高度化するものとする。
　試験の形式は、3・2級はマークシートを使用した多肢選択式、1級は記述式。

項目	本テキスト対象外		項目	本テキスト対象
	3　級	2　級		1　級
I 社会常識	1．社会と組織 社会人の自覚 キャリアを理解する 会社組織の成り立ち スキルと能力 変動する社会 雇用形態の多様化	キャリアを形成する リーダーシップとフォロワーシップ 社会変化とその対応	I 社会常識	1．社会と組織 組織の役割とマネジメント 働き方改革
	2．仕事と成果 目標の重要性 組織目標と個人目標 主体性の発揮 組織の活性化 企業と経営資源	仕事と成長 モチベーション 企業の社会的責任		2．仕事と成果 業務マネジメント リスクの予見 リスクマネジメント
	3．一般知識 政治や経済に関連する基礎用語 ビジネスの基礎は日本語（漢字の読み書き、 類義語と対義語、同音異義語と同訓異字語） カタカナ用語 都道府県名・県庁所在地・都道府県別関連情報	税金や社会保障制度に関連する基礎用語 労働環境・経営意識に関連する基礎用語 四文字熟語とことわざ・慣用句 欧文略語 世界の国名と首都		3．一般知識 政治・経済・国際に関する基礎用語 社会・文化に関する基礎用語 企業経営に関する基礎用語
	4．ビジネス計算 ビジネスにおける計算力 数式を元にした課題の解決			
II コミュニケーション	1．ビジネスコミュニケーション 傾聴の重要性とポイント 職場のコミュニケーション 組織と人間関係 良い人間関係のためのコミュニケーション 第一印象の重要性、立ち居振る舞い、身だ しなみ、表情、お辞儀と挨拶 基本の挨拶言葉	社外の人とのコミュニケーション 顧客満足、社外交流のエチケット 上手なコミュニケーション 効果的な伝え方、分かりやすい話の 組み立て方、説得力ある話し方	II コミュニケーション	1．ビジネスコミュニケーション 信頼関係を築くアクティブリスニング コミュニケーションにおける ストローク ファシリテーション プレゼンテーション クレーム対応
	2．社会人にふさわしい言葉遣い 敬語の種類、尊敬語・謙譲語の適切な使い方 職場での言葉遣い 話し方と聞き方 指示の受け方、報告の仕方、連絡の仕方、相談の仕方	社外の人への言葉遣い 状況に合わせた来客応対、電話応対 の言葉遣い、好感を持たれる話し方 説明、説得の仕方、注意・忠告の仕方・ 受け方、断り方、苦情の受け方		2．社会人にふさわしい言葉遣い 来客応対、商談での言葉遣い 英語での電話応対 協働関係を築く依頼の仕方 話を引き出す上手な質問の仕方
	3．ビジネス文書 ビジネス文書の書き方と留意点 社内文書の種類、形式 社内文書作成 報告書、議事録、通知文 グラフの種類と特徴	社外文書の種類、形式 社外文書作成 案内状 社交文書の種類、形式 社交文書作成 礼状 宛名の書き方 ビジネスメールの特徴 ビジネスメールの書き方		3．ビジネス文書 英語での基本ビジネスメール 社交文書の形式と作成（応用）
III ビジネスマナー	1．職場のマナー 出勤時から終業時 公私、機密のけじめ		III ビジネスマナー	1．職場のマナー 豊かな人間関係構築の心得 人材育成と後輩指導
	2．来客応対 上司や担当者と約束がある来客への応対 受付から見送り 約束のない来客への応対	約束がある来客 担当者が応対する 訪問・紹介のマナー 約束から訪問後		2．来客応対 目的に合わせたおもてなし 相手に喜ばれる接待 接待を受ける時の心得
	3．電話応対 受け方の基本手順 　名乗り方から切り方 特別な電話の受け方 伝言メモ ＦＡＸの送信、電話の掛け方や携帯電話の心得	電話を掛ける 　基本的な掛け方 特別な電話、携帯電話		3．電話応対 状況に応じた電話応対（応用）
	4．交際業務 慶事のマナー・結婚、弔事のマナー 病気見舞い	さまざまな慶事のマナー 会食とパーティー 贈り物と上書き		4．交際業務 食事のマナー
	5．文書類の受け取りと発送・他 文書の取り扱い、郵便の役割、さまざまな 配送サービス オフィス環境と事務機器			5．文書類の受け取りと発送・他 情報とは 情報セキュリティの重要性 電子メールのSNS使用ネチケット
		6．会議 会議の種類・形式・用語、会議 の準備から後始末		6．会議 会議進行のポイント
		7．ファイリング・他 文書類の保管、秘文書の取り扱い、 名刺・カタログの保管、日程管理、 押印の知識		7．ファイリング・他 情報収集の仕方 データの管理 プロジェクト管理

学習方法

　本書は、社会人常識マナー検定1級の出題範囲に合わせた全3編（社会常識・コミュニケーション・ビジネスマナー）、13の大項目（章）、27の中項目、77の小項目から成っています。

　学ぶべき事柄は広範囲にわたりますが、どの項目からでも学ぶことが可能なように編集されています。

　本文での解説は、できるだけわかりやすい言葉を使用しています。また、必要に応じて表や箇条書きを用いています。留意したい箇所にマーカーを引くなどしておくと、ポイントを絞って効率的に学習することができます。

効果的な学習法

1．繰り返し読む
　最初は難しく感じた言葉や事柄も、読み返していくうちに理解が深まります。繰り返し読む、ときには声に出して読むことも効果的です。

2．書いて覚える
　1級試験は記述式ですので、留意したい箇所などは実際に書いていきましょう。特に、社会常識の一般知識の各用語は正確に書く必要があります。

　また、コミュニケーションの言葉遣いや話し方、ビジネスマナーのさまざまな応対の仕方などは、理解しているつもりでもいざ書いてみると曖昧だったりします。実際に書いて、しっかり習得していくことが検定合格につながります。

3．実力チェック
　巻末に過去問題が掲載されていますので、全学習が終了したら挑戦してみましょう。間違えた箇所や弱点部分を自身でチェックして、再度各項目のページや『社会人常識マナー検定テキスト2・3級』の該当項目箇所に戻り、重点的に学習し直しましょう。

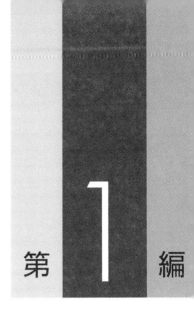

第**1**編

社会常識

　社会常識とは、現代社会に生きる一人の社会人として必要な常識や心構えのことです。社会常識を身に付けるためには、会社や組織の役割を理解した上で、世の中で起きていることを把握し、変化に対応していく力が必要です。社会が変化すれば働き方も変わっていきますし、求められる力も変わっていきます。ITの進展により、社会の変化のスピードも急速になっている現代だからこそ、社会常識力をしっかりと身に付けていきましょう。

キャリア形成

1 ビジネスパーソンとしてのキャリア形成

　私たちは、他者や社会とのかかわりの中で、職業人、家庭人、地域社会の一員などさまざまな役割を担いながら生きています。

　キャリアとは、このさまざまな役割を果たすために活動し、働くことを通して成長を続けていく生き方を意味します。

　働くということは、いろいろな経験から学びや気づきを得ることとなり、自己成長につながります。仕事をすることによって新しい知識やスキルを身に付けたり、さまざまな人との出会いによって刺激を受けたりしながら、対人能力を高める機会を得るなど人間力の向上をも可能とします。

　そして、一人ひとりが、それぞれ異なる独自のキャリアを作りながら生きていくことになります。その作り上げていく過程、将来なりたい自分の姿にたどり着くための道筋のことをキャリア形成といいます。

キャリア形成の意義

　キャリア形成が重要視されてきた背景には、技術革新などの社会環境の変化があります。高度経済成長からバブルを経て、2000年代に入るとIT革命が起こり、現在はAIの開発・実用化が進んでいます。このように変化が加速している現代社会において、価値観や個人の生き方が多様化したために、それぞれの生き方について問われることが多くなり、キャリア形成が必要とされてきたといえます。

キャリア形成で必要な力

　社会・経済の急速な変化や発展にともなって、企業から求められる個人の能力も年々変化し、その変化に対応しうるキャリア形成の重要性が高まっています。例えば、顧客ニーズの多様化に対応するためには、自立した人材が求めら

れます。常に問題意識を持ち、自ら課題を見つけ出し、主体的に動くことができる課題対応力のある人材です。

　キャリア形成には、課題対応力を含む四つの力を身に付けることが必要不可欠です。

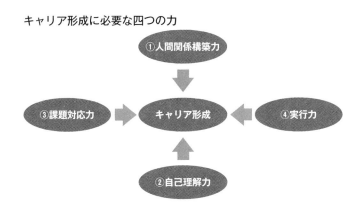

キャリア形成に必要な四つの力

①人間関係構築力

　ITの進展により、人と直接的なコミュニケーションをとらずに、SNSなどでやりとりを済ませる場面も現代社会では増えてきました。しかし、コミュニケーションの方法は多様化しても、人と人とのかかわり合いは仕事や生活をする上で必ず生じます。人間関係を築いていく上では、まずは相手を理解することが大切です。相手の話をしっかり聞き、何を伝えたいのかを理解した上で行動するなどのコミュニケーション力を高めていくことは、顧客のニーズをキャッチし、それに応えていくというビジネススキルの向上にもつながっていきます。相手と十分なコミュニケーションがとれ、良好な人間関係を築くことのできる人間関係構築は、人と協力して仕事をする、相手を動かして仕事をしてもらうなど、仕事をスムーズに進めていくためになくてはならないものです。

②自己理解力

　自分の力を最大限に発揮していくには、まず自身を知ることが大切です。これまでの経験を振り返り、客観的に自分を見つめ直す自己理解力が必要です。自らの特性や強み・弱みを認識した上で、どのような仕事がしたいのかを明確にして、主体的にキャリア形成に取り組みます。

③課題対応力

仕事をしていく上でも、生きていく上でも必ず問題が存在します。その問題に気づく力をまず養う必要があります。問題に気づくことにより、問題解決に必要な手段や方法を考え、実践していくことにつながるからです。

ITの意義は、ITを用いて世の中にある多くの問題や課題を解決していけることにあるといえます。仕事をする上で、問題や課題に遭遇した際、いかに自身で、あるいはチームで解決していくことができるかが、現代のビジネスにおいては必要不可欠です。

④実行力

以上の三つの力を踏まえた上で、具体的に計画を立てて実行していくことがキャリア形成においてはずせないポイントです。問題を見つけ、解決する方法を考えたとしても、実行しないと何も変わりません。考えた方法を現実的なスケジュールに落とし込み、主体的に、確実に実行していくことが重要です。

偶発的キャリア形成

キャリア形成をしていく上で、計画を立てて実行するキャリアプランを持つことは大切です。キャリアプランがなければ、行き当たりばったりで働き続け、効果的な成長を遂げることが難しいからです。

しかし、変化が激しい現代社会では、将来を予測するのが難しく、10年後、20年後が私たちの想像をはるかに超えるものになる可能性も十分にあります。「人生100年時代」となり、70歳や80歳まで働くことが当たり前になるかもしれません。「AIの時代がやってくる」と言っていたのも、すぐに現実のものとなるかもしれません。新しい技術が次々と登場する中、若い頃に獲得したスキルだけで何十年も働き続けることは不可能で、キャリアプランも見直していく必要に迫られるでしょう。

そこで、このような時代を生き抜くために、起こりうる事態を計画的に設計して自身のキャリアにつなげていく、「計画された偶発性理論」というキャリア形成も実行する必要があります。

計画された偶発性理論の行動指針

①**好奇心** たえず新しい学習の機会を模索し続けること

②**持続性** 失敗に屈せず、努力し続けること

③**楽観性** 新しい機会は必ず実現する、可能になるとポジティブに考えること

④**柔軟性** こだわりを捨て、信念、概念、態度、行動を変えること

⑤**冒険心** 結果が不確実でもリスクを取って行動を起こすこと

(『その幸運は偶然ではないんです！』より)

　これからの時代は、自らのキャリアプランを描きながら、社会の変化を敏感にキャッチし、臨機応変に対応してチャンスを自らものにしていくという行動力が必要です。チャンスやキャリアは、待っていれば誰かが与えてくれるものではありません。主体性を持って自ら獲得し、築いていくことが大切です。

会社と組織

1　組織の役割とマネジメント

　企業は、社会や経済環境の変化に向き合いながら適正な利益を確保して存続していくという使命と、ニーズに合った商品やサービスを提供して社会貢献するという使命があります。

　その使命を果たすために、それぞれの役割を持つ部署と人材によって組織が成り立っています。

ライン部門とスタッフ部門

　会社組織は、部署が持つ役割の視点から見ると、ライン部門とスタッフ部門の二つに分けることができます。

会社組織の例

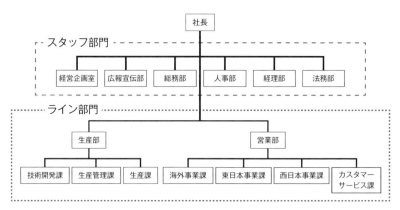

　ライン部門は、企業目標の達成に向けて直接的な活動を行います。そして、スタッフ部門は、ライン部門をサポートする間接的な活動を行います。この二つの部門が、お互いに連携しながら効率よく機能することによって、会社組織は円滑に事業を行うことができます。

主な部署の役割

経営企画室	会社全体の方針や戦略を策定するところで、年度別の経営目標や中長期計画などを設定する。
広報宣伝部	会社の商品やサービスの紹介に留まらず、企業イメージの向上に向けた広報活動を、マスメディアや多様な媒体を活用して社会へ伝える役割を担う。
総務部	会社全体の業務を円滑に行うための仕事を幅広く担当し、社内イベントの準備・運営、備品の購入・管理、社外からの問い合わせにも対応する。
人事部	人材確保と育成、労務管理などを行うとともに、配属・人事考課・福利厚生など人に関わる領域すべてが対象となる。
生産部	市場に送り出す商品・サービスを、品質に責任を持ち、適切な価格で、納期を守って作り出す。
営業部	顧客が抱える課題解決のために、会社の商品やサービスを提案して販売し、直接売上と利益に貢献する。

組織マネジメント

　会社組織を人の権限から見ると、マネジメントと一般社員に分けることができます。

会社組織のピラミッド図

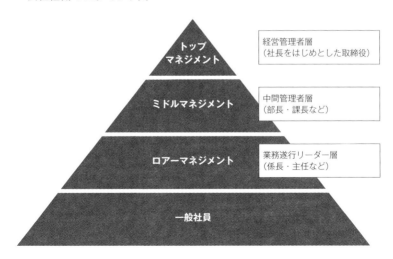

17

トップマネジメントは、中長期視点に立って企業の方向性を示す役割を果たします。ミドルマネジメントは、部下育成と担当部署の目標達成を戦略的に推進していきます。ロアーマネジメントは、業務の効率化を図りながら現場のリーダー役として目標達成に取り組みます。

　組織マネジメントとは、管理者が、四大経営資源（ヒト・モノ・カネ・情報）をどのように活用したら組織が効率よく動いていくかを考えることをいいます。

四大経営資源

　管理者は、四大経営資源をあるべき方向にもっていくという役割を果たさなければなりません。

　さらに、一般社員を含めた誰もが会社・組織の目標達成に貢献するために、業務マネジメント力を発揮する必要があります（第1編「第2章 企業と経営目標設定と成果・振り返り」の「業務マネジメント力」参照）。

社会変化と働き方

1　社会の変化と多様化する雇用形態

　高度経済成長期に生まれた日本的な雇用形態の一つ「終身雇用制度」がバブル崩壊とともに終焉を迎え、長引く不況などを背景に雇用形態の多様化が進みました。

雇用形態別に見た雇用者数の推移

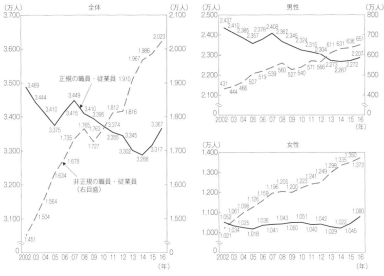

出典　厚生労働省「平成29年版労働経済の分析」

雇用形態の多様化の背景

　雇用形態の多様化が進んだ背景として、大きく次の三つの要因をあげることができます。

①日本経済の変化

　1990 年代から2000 年代にかけて、多くの日本企業は、円高や国際競争、不況の中で、過剰雇用による人件費の利益圧迫に直面し、雇用の調整が大きな経

営課題となりました。グローバル化にともなう先行き不透明な経済状況と企業間競争の激化の下で、企業が存続するためには、人件費の削減を図る必要があることから、パートタイムやフルタイムの有期契約労働者などのいわゆる準社員を活用する重要性が高まりました。

②情報通信技術等の進展

IT化の進展は、IT革命といわれるほど急速かつ革新的であり、それまでの技術・技能が通用しなくなるほどの変化をもたらしました。従来は多くの企業が、長期間同一企業に勤め、技術・技能を習熟していくことを求める年功序列型の人事制度を採用していましたが、すでに崩壊の一途をたどっています。

同時に、IT化は、仕事を標準化し、それまで正規社員が担当していた業務をパートタイマーやアルバイトでも十分行えるようにし、非正規社員の増加をもたらしました。

さらにIT化は、在宅勤務、サテライトオフィス勤務、モバイルワークといった勤務形態や非雇用のSOHOなど、多様な就労形態を生み出しました。

③個人のニーズやライフスタイルの多様化

企業をとりまく社会経済の変化に加えて、個人の思考も変化しています。現在、人々の雇用・就労形態や就きたい仕事などのニーズは多様化しています。

例えば、仕事中心に生涯設計を立てたい人、家庭や趣味を中心に生活したい人、同一企業で定年まで働きたい人、キャリア形成として転職することを望む人、限られた期間だけ働きたい人、短時間だけ勤務したい人、高いポスト・役職を望む人、成果に見合う高い報酬を適宜得たい人、創造的な仕事に就きたい人、経験を積んで高い技術・技能を習得したい人、指示に従って定型的な業務を行いたい人などさまざまです。このように働き方に対する労働者のニーズやライフスタイルが多様化してくると、正規社員についても従来型の一律的な雇用・労務管理では、企業は優秀な人材の確保・活用が困難になります。

そのため、企業としては、多様な雇用・就労形態を用意するなど、就労しやすい環境を可能な限り整備し、人材の能力を最大限に活かすと同時に、それぞれの仕事、役割、貢献度と整合性をもった人事・処遇制度を構築することが重要となりました。

このように、雇用の多様化は日本社会および経済、それにともなう個々のラ

イフスタイルの変化による企業および個人のニーズが反映されており、今後さらに進んでいくと考えられます。

正規雇用（正社員）

正社員は、長期雇用を前提としている雇用形態です。社会的に見ると、働く人の信用度が高くなります。昇給・昇格もあり、待遇的にもっとも良い安定した雇用形態といえます。

反面、業務に対する責任は他の雇用形態に比べて重く、仕事をする上で結果を大きく求められる立場でもあります。会社の都合による転勤や異動もあり、基本その申し出を断ることが難しい立場にあります。残業も他の雇用形態に比べると多くなっています。

非正規雇用（非正規社員）

形態	概要
契約社員	定められたある期間のみ契約で働く雇用形態。正社員に雇用条件が近く、自らのライフスタイルに合わせて決めた期間だけ働くには、一番効率的で生産性も高いが、時給制で交通費の支給がないなどの不利な条件下での雇用契約も多く、安定性に欠けている点がデメリット。
嘱託社員	一般的には定年退職した人などが、引き続き一定期間、再雇用されて働く雇用形態。臨時職員という扱いになることもあり、会社によって扱いが大きく異なる。定年退職者の場合、再就職先を探すことなく収入を得られる点がメリット。正社員のときと比べ、立場や地位が低い位置付けとなることが多く、有期雇用である点がデメリット。
派遣社員	派遣会社と雇用を結び、派遣先から仕事の指令を受けて仕事を遂行する。新しい技術や技能を一定期間で身に付けたいときや、働きたい期間だけ働けることがメリット。派遣先の都合によって突然雇用が打ち切りになる可能性もあることや、基本的には昇給・昇格のない点がデメリット。
パートタイマーアルバイト	1週間の勤務時間が正社員などに比べて短い。時給制が多く、学生や主婦など幅広い雇用機会の門戸が開かれている。いくつか仕事をかけもちしたい求職者にはメリットがある一方、給与が低く、労働条件も良くないことが多く、社会保険や労災保険などが不明瞭で、最近は悪質なブラック企業によるアルバイトの酷使も深刻な問題となっている。
請負業務委託	雇用形態上は個人事業主となり、依頼主から仕事を受け、その成果に対して報酬を得る。働く場所や時間を自由に選べ、自分のペースで仕事を進められる点がメリットで、専門的なスキルを持っていれば、分野によっては高収入を得ることも可能。一方、個人事業主のため労働者を守る法律は適応外で、すべて自ら動いて仕事の依頼を受け、成果を上げていかなければならないため、大変さと収入の不安定な点がデメリット。

2 働き方改革

　現在の日本は、少子高齢化にともなう生産年齢人口の減少、育児や介護との両立、あるいは働く人のニーズの多様化などにより、以前とは異なる状況下にあります。こうした中、投資やイノベーションによる生産性向上とともに、就業機会の拡大や、意欲・能力を存分に発揮できる環境を作ることが重要な課題になっています。

　「働き方改革」は、この課題解決のために、働く人の置かれた個々の事情に応じ、多様な働き方を選択できる社会を実現し、一人ひとりがより良い将来の展望を持てるようにすることを目指しています。

働き方改革関連法

　2018年6月、労働時間規制の強化策などを盛り込んだ「働き方改革関連法」（正式名称：働き方改革を推進するための関係法律の整備に関する法律）が成立しました。注目するべきポイントは、次の三つです。

①時間外労働の上限規制の導入

　一部の職種を除き、原則として時間外労働の上限が月45時間、年360時間と規制されました。上限を超えた場合には、雇用主に半年以下の懲役または30万円以下の罰金が科せられることになりました。

（施行日：大企業が2019年4月、中小企業が2020年4月、自動車運転業務、建設業、医師が2024年4月）

②正社員と非正規社員との不合理な待遇差の解消（「同一労働同一賃金」）

　正規雇用と派遣労働者などの非正規雇用の間で、職務内容が同一であるにもかかわらず賃金の格差が生じていた問題を解消するために、雇用形態がどのようであっても同一の貢献をした場合には、同じ賃金が支給されることになりました。

（施行日：大企業が2020年4月、中小企業が2021年4月）

③高収入の一部専門職の脱時間給制度（「高度プロフェッショナル制度」）

　弁護士など高度の専門的知識を必要とする業務に従事し、職務の範囲が明確で一定の年収（年収1,075万円以上を想定）を有する労働者を労働時間の規制

からはずすことを制度化しました。（通称「高プロ」）

　この制度を適用される労働者は、年104日以上の確実な休日取得を要件として、労働時間、休日、深夜の割増賃金などの規制から除外されます。勤務時間に縛られない働き方が可能になるわけですが、法の保護からはずれることになるとの懸念も残っています。

多種多様な働き方

　正規雇用者と非正規雇用者の間の不合理な待遇差を解消する制度によって、どのような雇用形態を選択しても納得できる処遇が受けられ、多様な働き方を自由に選択できる時代が訪れようとしています。

　すでに在宅勤務などを取り入れ、個人のニーズに合わせた働き方が可能な企業もありますが、今後、働き方改革が進むと、そうした多種多様な働き方ができる企業が優良企業として広く受け入れられ、成長を遂げていくこととなり、社会的に好循環が生まれると期待されています。

働き方改革の好循環

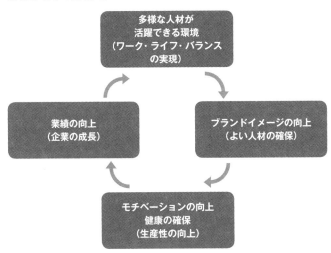

目標設定と成果・振り返り

1 プロフェッショナルのチームワーク力

　会社や組織が部署と人材によって成り立っているように、仕事は一人で完結するものではなく、上司と部下・同僚などのチームで進めていくものです。会社や組織には成し遂げるべき理念や目標があり、その達成のために、それぞれのチームには成果が求められます。チームは、互いに協力することはもちろんですが、一人ひとりが成果をあげる、プロフェッショナルの集団でなければなりません。

プロフェッショナルのチームワーク力

　チームが仕事で成果をあげるためには、次の三つすべての実践が必要です。

①チームに貢献

　一人ひとりが自分にできること、チームに貢献できる分野を考えることが必要です。同じ役割を果たす人は二人もいりません。

②チームワーク＝分業

　チームワークは分業です。一人ひとりがそれぞれの担当分野で価値を生み出し、成果をあげることが必要です。

③プロフェッショナルの集合体

　一人ひとりがプロフェッショナルとしての責任を持って、仕事に取り組むことが必要です。そして、チームはプロフェッショナルの集合体でなければなりません。

2 業務マネジメント力

　業務マネジメントとは、一般には人と仕事との最適な組み合わせの仕組みを作って運用することですが、私たちの仕事の進め方にもあてはめて考える必要があります。具体的には、目標の設定とその実践です。

　私たちは、常に上位目標の達成のために、成果をあげていかなければなりません。その役割と責任を果たすことが、私たちの目指す姿であり、その過程でさまざまな工夫や努力をすることによって、多くの知識やスキルが身に付いていくことにつながります。私たちは、成果をあげるべき目標を設定し、自身の業務マネジメントを実践していくことが求められています。

目標設定の流れ

会社・組織 中期目標 → 会社・組織 今期目標 → 部門 今期目標 → 個人 今期目標

目標を持つことの意義（組織の視点）

①組織目標達成力の向上

②的確なマネジメントを実現するための体制強化

③円滑なコミュニケーションによる組織内信頼感の醸成

④人材育成風土の醸成

目標を持つことの意義（個人の視点）

①チャレンジ意欲を高める

②能力開発の推進

③成果志向性の向上

④効率的な業務の遂行

適切な目標設定の 3 条件と 4 要素

目標を設定する際には、まず三つの条件を満たすことが大切です。

目標設定の3条件

達成可能なレベルであること	「夢物語」や「気合」ではなく、達成可能な目標であることが重要
自ら立案しチャレンジ性があること	自発的であることでモチベーションが高まり、成長へつながる
上位目標に適合していること	上位組織の目標に貢献できる内容であることも必要

そして、具体的には次の 4 要素をしっかりと設定することが重要です。

目標設定の4要素

何を	成果を何で見るのか＝目標項目を具体的に示す
どれだけ	達成水準を可能な限り数値化・定量化
いつまでに	期限やスケジュールを具体的に設定
どうやって	手段を具体的に見える化

[参考] SMARTの法則

目標達成を実現させるためには次の五つの成功因子が欠かせないというジョージ・T・ドランが提唱した目標設定法。

- Specific（明確性） ……………… 設定した目標は明確なものか
- Measurable（計量性） ……… 目標達成率や進捗度を測定可能か
- Assignable（割当設定）……… 役割や権限を割り当てているか
- Realistic（実現可能性）……… 現実的な目標を設定しているか
- Time-related（期限設定）…… 目標達成に期限を設けているか

35 年以上経過した現在でも、環境や立場によって解釈を広義に捉えながら活用されている。

3 PDCAサイクルの実践

　仕事では、設定した目標への到達が求められますが、目標達成に向けて取り組みはしたけれど納期に間に合わなかった、期待されるレベルには至らなかったということもあるかもしれません。そのような失敗や反省材料は、活用するべき経験でもあります。私たちは、さまざまな知識やスキルを蓄積し、成長していくためにも、目標達成に向けてPlan（計画）、Do（実行）、Check（検討・評価）、Action（改善策）の流れを繰り返すことによって、効率よく、確実に仕事を進めていかなければなりません。

PDCAサイクル

① **Plan:** 不測の事態が起こることも想定し、時間的に余裕のある計画を立てる。それぞれの仕事の優先順位も考慮に入れる。

② **Do:** 立てた計画にそって実行する。

③ **Check:** 実行しながら状況を確認する。それにより問題があれば、ここで見つけ出すことができる。

④ **Action:** 再び同じ問題が起こらないように対策・処置を考え、次からは円滑に進められるように工夫する。

振り返りの重要性

　目標達成に向け実行したことをしっかりと振り返ることによって、次の目標設定や能力開発につなげていきます。（Check→Action→Plan）

①目標設定・実行計画は妥当だったか。

②目標を達成できたなら、その要因は何か。

③目標を達成できなかったなら、その要因は何か。

企業の社会的責任

1 企業の社会的責任

　企業が存続していくためには、利益の追求のみに走ることなく、社会の一員であるという自覚と責任を持って、社会からの期待や要求に応えていくことが必要です。

　「企業の社会的責任」（CSR = Corporate Social Responsibility）とは、企業がその活動を展開する上で関わるすべてのステークホルダー（利害関係者）に対して果たすべき責任のことです。その責任を果たすことによって、企業は自らのブランドイメージや価値を向上させ、存続するにふさわしい存在として認められ、社会から受け入れられることになります。

CSRの重要性

　CSRは、環境問題、グローバル化による貧富の差の拡大、人権・労働問題や企業の不祥事の頻発などを背景に、1990年代から欧米を中心に注目を集めるようになりました。日本でも2003年頃からCSRへの関心が高まり、企業の経営も利益のみを追求するのではなく、世の中と共生して発展するという社会的な価値が重視されるようになりました。CSRは国や地域によって課題や取り組み方に違いがありますが、日本では以下の課題がこれまで指摘されてきました。

　・公害問題・談合による価格調整・リコール隠し・粉飾決算・偽装表示

　・採用や昇進での性別による差別・ハラスメントの横行

　・残業代不払いなど人事管理体制・個人情報の流出・環境破壊など

　このように、社会との共生といっても慈善活動による寄付や社会貢献を意味するのではなく、企業の本業を通じて果たすべき責任を意味しています。だからこそ、法令遵守（コンプライアンス）や説明責任（アカウンタビリティー）、情報開示（ディスクロージャー）が問われ、企業は経営方針にCSRを掲げるなど注力してきました。

　また、CSRは決して義務ではなく、社会的課題を解決するような商品やサービスを生み出すことで多くの人に喜びをもたらし、企業も新たな市場を開拓できる創造的な面もあります。このことをあえてCSRとは分けて、共通価値の創造（CSV：Creating Shared Value）という概念として、企業は、社会にとっての利益や価値と企業の利益や価値を両立しながら、事業活動を通じて社会的課題を解決していくことを掲げ始めました。

[参考] CSRのガイドライン
・国際標準化機構の定めたISO26000：組織の社会的責任に関するガイドライン。
・国連グローバル・コンパクト（UNGC）：企業・団体が社会のよき一員として、責任を持って持続可能な社会を実現するための世界的な枠組みをつくる自発的な取り組み。

　現在では、投資家が投資先を選定する際にCSRの評価を取り入れる社会的責任投資（SRI：Socially Responsible Investment）が広がり、学生が就職活動の際に企業のCSRを確認することも当たり前になりました。また、2015年に国連で持続可能な開発目標（SDGs：Sustainable Development Goals）が採択されたことを受けて、国連全加盟国の政府や企業が、2030年に向けて持続可能な社会を実現するための17の目標達成に取り組んでいます。企業は、自国、そして国際社会の一員として、責任を持って持続的に社会的課題を解決していくことが求められています。

リスクマネジメント

1 リスクの予見

　企業にとってリスクマネジメントの対象となるリスクは、主に二つの性質があるとされています。一つは顕在化すると企業や組織に悪影響を与える事象、もう一つは発生のタイミングが予測できない不確実性の高い事象です。

　また、企業や組織にとってのリスクの定義は、大きく二つに分類できます。一つが自社の事業継続を脅かす事象、もう一つが事業目標の達成を妨げる事象です。自社にとって、顕在的・潜在的なリスクは何かを把握し、適切に管理・対策を講じるリスクマネジメントは、企業や組織、事業を継続する上で欠かせないものといえます。

リスクの予見と回避・想定

　企業は、リスクマネジメントを行うにあたり、起こりうるリスクをあらかじめ見通す、すなわち「予見」することが重要です。リスクを予見したら、その発生を未然に「回避」、あるいは事前に「想定」し影響を低減します。したがって、まずはリスクの洗い出しが必要となります。

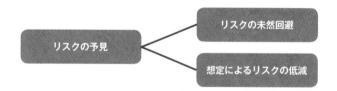

リスクには純粋リスク・投機リスクの2種類が存在します。リスクを予見する際は、この2種類に分けて考えると効果的です。

①純粋リスク

純粋リスクは、企業や組織、事業へ損失のみがもたらされるリスクです。火災や地震など一方的に損失を被る事象が純粋リスクにあたります。このリスクは予報や予測による統計的な把握が可能です。

主に以下の四つのリスクがあげられます。

・財産損失リスク……………火災や盗難などの人災や、台風・地震といった天災によって、直接損害が発生するリスク。

・収入減少リスク……………取引先の倒産や財産損失による生産停止、異物混入による商品回収などが原因で収入が減少するリスク。

・人的損失リスク……………経営者や従業員の死亡、交通事故や不慮の事故、信用損失、病気、怪我などのリスク。

・賠償責任リスク……………著作権・商標権・特許権の侵害や商品による健康被害などで生じた法律上の賠償責任リスク。

②投機リスク

投機リスクは、損失・利益どちらも発生する可能性がある事象を指します。市場や国の情勢、為替などのさまざまな外的要因により、損失だけではなく利益を生み出す可能性も含みます。企業は市場調査や在庫管理などによりこの投機リスクをコントロールすることで、リスクを回避して収益の確保に努めています。これらの作業自体がリスクマネジメントと定義することができます。

代表的な投機リスクとして、例えば新製品の開発、海外進出といった営業戦略上のリスクがあります。その他にも、新規参入による自社製品のシェア低下など商品取引上のリスク、株式投資・融資など資産運用上のリスク、円高・円安など為替レートや金利によるリスクといった経済情勢変動による投機リスクがあります。また、政権の交代や規制緩和などの政治情勢変動、税制や条例改正などの法規制変動、新技術の台頭や特許など技術情勢変化も投機リスクにあたります。

2 リスクマネジメント

　リスクが与える不利益の対象は組織、財務、株主など異なるため、それぞれに適したリスクマネジメントを行う必要があります。そのため、リスクマネジメントの取り組みは、企業の経営状況を把握する上での重要な情報と位置付け、積極的に情報発信している企業も少なくありません。

リスクマネジメント

　リスクマネジメントとは、企業や組織活動において発生する可能性のあるさまざまなリスクを日常的に想定し、準備や対策を立てることによって危機発生を回避するとともに、危機発生時の損失をできるだけ小さくするための経営管理手法です。

　大企業では、専門部署や総務部門などの兼務により、組織的にリスク管理を行っていますが、中小企業では未だ管理体制が十分に整っているとはいえないのが現状です。

リスクマネジメントプロセス

　リスクマネジメントを実施していく場合、一般的に以下のようなプロセスを経ることとなります。

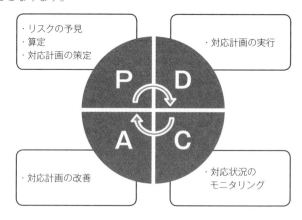

純粋リスクへのリスクマネジメント

　純粋リスクへのリスクマネジメントで代表的なものは、保険の利用と危機管理マニュアルの整備の二つです。

　前者については火災保険や盗難保険をはじめ、近年は天災への保険も販売されています。また保険には、保険会社に一任せず、自己資金の積み立てによる自家保険で対処する手法もあります。後者の危機管理マニュアルとは、社員教育や社内規定を通して、必要最低限の処置を施すことで被害を最小限に食い止めるための施策です。

投機リスクへのリスクマネジメント

　投機リスクへのリスクマネジメントは、自社が属する業界の動向、拠点がある国の政治情勢や経済情勢などの外的要因に依存しているため、全社的・総合的に判断する必要があります。自社にとってのリスクを洗い出し、評価を行い、どの点に留意するべきかを精査しなければなりません。マーケティング部門や経営戦略部門とも連携し、自社独自のリスクマネジメントを構築しなければいけない点では、保険の利用や危機管理マニュアルの整備、統計にもとづく判断が可能な純粋リスクとは対応の仕方が異なります。

　リスクマネジメント自体は目新しい経営管理手法ではありませんが、「規制緩和の進展」「リスクの多様化」「経営管理のあり方の変化」「説明責任の増大」の四つがリスクの拡大要因となっており、リスクマネジメントの必要性が一層高まっています。

ビジネスにおける基礎用語

1 政治・経済・国際に関する基礎用語

　社会人として生活する上で、社会環境の変化を理解することは欠かせません。政治・経済・国際情勢に関する基本的な用語を理解することが、社会常識の軸となります。

公職選挙法	1950 年に制定された公職（衆議院議員・参議院議員・地方公共団体の議会の議員・首長）を公選するための選挙について定めた法律。その後改正をして現在に至っている。
一票の格差	選挙区ごとの有権者の数に違いがあるために生じる問題。
アベノミクス	安倍晋三内閣による経済政策の造語。
国家戦略特区	大胆な規制緩和を行うことによって、産業の国際競争力強化とともに、国際的経済活動の拠点形成を促進するものとして国が定めた区域。医療、農業、雇用等の分野の岩盤規制を切り崩す突破口である。
マイナンバー法	すべての国民に番号をつけ、社会保障、税、災害対策の分野で個人情報を結びつけて管理する、2015 年に施行された法律。
ふるさと納税	2008 年の地方税法の改正によって始まった寄附金税額控除制度。任意の自治体に対して寄附を行った場合、寄附金額のうち 2,000 円を超える部分について、上限額までは全額、所得税と住民税から控除される。
国際観光旅客税	観光分野の政策を充実させるために導入された新たな税金。2019 年 1 月 7 日以降出国する日本人および外国人観光客から、一人 1,000 円を航空や船舶のチケット代に上乗せするなどの方法で徴収されている。
森林環境税	地球温暖化対策のために市町村が森林を整備する財源として、2024 年度から導入される新たな税金。
統合型リゾート実施法（IR 実施法）	カジノを含む統合型リゾート（IR：Integrated Resort）認定区域を全国 3 カ所で設置できるとする法律で 2018 年に制定された。日本人客のカジノ入場料は 1 回 6,000 円で、事業者は収益の 30％を国と地方自治体に納付するなどとした。

安全保障関連法	2016年に施行された自衛隊の海外での武力行使を可能とする法律。自衛隊法や国際平和協力法など既存の10の法律の整備法である平和安全法制整備法と、新規に規定された国際平和支援法からなる。これに先立ち、政府は2014年に、憲法第9条の下で容認される自衛の措置について、集団的自衛権の限定行使が可能となるよう従来の憲法解釈を変更した。
領土問題	四方を海に囲まれた日本では、現在三つの大きな領土問題を抱えている。ロシアとの北方領土、中国との尖閣諸島、韓国との竹島問題。
有効求人倍率	公共職業安定所（ハローワーク）に申し込んだ求職者一人当たりの求人数。厚生労働省が毎月発表する。
完全失業率	労働力人口に占める完全失業者の割合。総務省が毎月発表する。
全国消費者物価指数 （CPI：Consumer 　Price Index）	全国の消費者が実際に購入する商品やサービスの小売価格を総合した物価の変動を表す指数。総務省が毎月発表する。
国内総生産 （GDP：Gross Domestic Product）	国内で一定期間内に生産された財やサービスの付加価値の合計額。内閣府が四半期ごとに発表する。
景気動向指数	景気の上下変動を示す総合指標。内閣府が毎月発表する。
日経平均株価	東京証券取引所一部上場の約2,000銘柄のうち、代表的な225銘柄の平均株価。
日銀	日本銀行の略称で、日本の中央銀行として紙幣の発行を行う。資金供給を調整することによる金融政策を実施し、国内経済の安定と成長の実現に取り組む。政府の銀行であると同時に、民間の金融機関に貸し付けを行う「銀行の銀行」でもある。
日銀短観	全国企業短期経済観測調査の略称で、日本銀行が、景気や物価の現状と見通しを把握することを目的として、全国の企業向けに四半期ごとに行うアンケート調査。
歳入と歳出	国や地方公共団体の一会計年度内の収入を歳入といい、支出を歳出という。
NISA	株式や投資信託の利益が非課税となる少額投資非課税制度。
仮想通貨	インターネット上で使用できる電子的な通貨。仮想通貨取引所で、各国の中央銀行が発行する法定通貨と交換が可能。
プライマリーバランス （基礎的財政収支）	国の財政を測る概念で、歳入から歳出を差し引いた財政収支の差。
マイナス金利	金融機関が日銀の当座預金に預けている資金の一部にマイナス金利を適用する景気刺激策。
国債	国が資金を調達するために発行する債券。

経済3団体	日本経済団体連合会（経団連）、日本商工会議所（日商）、経済同友会の3団体を指す。
ビッグデータ	大量かつ多様なデジタルデータのこと。データの分析によって利用者のニーズに即したサービス提供や業務効率化が可能になるとして注目されている。
クラウドコンピューティング	利用者がいつでもネットワーク経由で大規模なサーバ上のソフトウェアやデータを利用できるようにした方式。利用者が大規模なサーバを導入する必要がなく、導入スピードが速くなることがメリット。
フィンテック	金融（Finance）と技術（Technology）を組み合わせた造語で、ITを活用した金融サービスの総称。スマートフォンを利用した決済、ビットコインなどの仮想通貨も含め幅広いサービスが展開されている。
G7 （Group of Seven）	主要7カ国（フランス、アメリカ、イギリス、ドイツ、イタリア、日本、カナダ）による首脳会議。「G7サミット」とも呼ばれる。議長国の持ち回りで年1回開催される。
G20 （Group of Twenty）	主要国の首脳が世界経済について議論する20カ国・地域の首脳会合。正式名称は「金融・世界経済に関する首脳会合」で、「G20サミット」や「金融サミット」とも呼ばれる。近年、G7以外の構成国の影響力が高まっており、G20の存在意義が増してきている。
国連 （国際連合）	国連憲章に基づき、国際平和および安全の維持、諸国間の友好関係の助長、各国の経済的・社会的・文化的または人道的問題の解決、人権および基本的自由の尊重の助長を目的として、1945年に設立された国際機関。日本の加盟は80番目の1956年。現在の加盟国は193カ国。本部はニューヨークにある。
国連安全保障理事会	国連の主要組織の一つで、国際平和と安全の維持において重要な役割を担う。アメリカ、イギリス、フランス、ロシア、中国の常任理事国と、10カ国の非常任理事国（任期2年、毎年半数が改選）から構成される。
インフレーション	持続的に物価水準が上昇を続けていくこと。
デフレーション	持続的に物価水準が下降を続けていくこと。
セーフガード	急激に特定の商品が輸入されることによって国内生産者が被害を受けることを防ぐための保護措置。政府が輸入関税率を上げる、輸入量を制限することで、国内産業への重大な損害を防止する。
グローバルスタンダード	各国共通のルールやシステムなど標準的な基準を作ることによって、よりスムーズに多国間貿易などが実施できる環境を構築しようとする取り組み。

2 社会・文化に関する基礎用語

　社会の中で生活する上で、身近な法律や社会保障について知ることは、安心して暮らしていくことにつながります。世の中で起こっている社会的・文化的な事柄も社会常識の一つとして身に付けていきましょう。

ノーベル賞	ダイナマイトの発明者として知られるアルフレッド・ノーベルの遺言にしたがって 1901 年から始まった世界的な賞で、物理学、化学、医学・生理学、文学、経済学および平和の分野で顕著な功績を残した人物に贈られる。日本人の受賞者は 26 名。（2018 年現在）
パリ協定	2020 年以降の地球温暖化対策を定めた国際的ルールで、2016 発効。地球温暖化は、石油や石炭といった化石燃料を使用して排出される二酸化炭素などの温室効果ガスが原因。国連気候変動枠組条約に加盟する 197 カ国・地域が、それぞれ温室効果ガスの削減目標を定め、達成に取り組む。
iPS 細胞 (induced pluripotent stem cell)	人工多能性幹細胞と呼ばれる万能細胞。患者本人の皮膚細胞など体細胞から作製できる。心臓や神経、血液、骨などさまざまな組織や臓器になる能力があり、再生医療の柱として期待されている。
PM2.5	粒子の直径が 2.5 μm（マイクロメートル）以下の大気汚染物質。中国やインドなどの新興国を中心に PM2.5 による大気汚染が広がり、深刻な健康被害を引き起こしている。大気に乗り、国境を越えての被害が懸念されている。
IoT (Internet of Things)	「モノのインターネット」と訳され、インターネットにあらゆるモノを接続すること。
AI (Artificial Intelligence)	人工知能。コンピュータを用いた、人間と同様の知能・働きを持った機械や技術のこと。
労働基準法	労働者の保護を目的として 1947 年に制定・施行された法律。賃金・労働時間・休日休暇など各種の労働条件における最低基準を定めたもの。
労働者派遣法	派遣労働者の雇用条件の整備や権利の確保を目的として 1985 年に成立したのち、派遣可能職種の拡大や派遣期間の上限を変更するなどの改正をして現在に至っている。
男女雇用機会均等法	就労機会や賃金などの面で女性への差別解消を目的として、1985 年に成立した法律。募集・採用・配属・昇進・教育訓練などあらゆる雇用管理に関して男女の差別を禁止するもの。

会社法	2005年に有限会社法や商法などを統合して成立した。有限会社の設立は認められなくなり、株式会社に一本化されるとともに、最低資本金制度も廃止となり、資本金1円から会社設立が可能となった。
民法	1896年に制定された日本における私法の一般法(物件、債権、相続などに関する法律)で、2018年の改正では、成人年齢を20歳から18歳に引き下げることとした。(2022年4月から施行、飲酒や喫煙などは20歳以上を維持)
超高齢社会	65歳以上の人口の割合が21%を超えた社会をいう。7%以上で高齢化社会、14～21%で高齢社会、日本は低出生率であることから超少子高齢社会に突入している。
国民健康保険	保険加入者の居住地の市町村および東京23区が窓口となり運営しているもので、自営業者などが加入する地域型の健康保険制度と、同一都道府県の同業種で国民健康保険を作り運営しているものとがある。2018年4月からは、これまでの市区町村に加え、都道府県も運営を担っている。
健康保険	民間企業に勤める労働者とその被扶養者が加入する医療保険制度。
共済組合	国家公務員・地方公務員・私立学校教職員とその被扶養者を対象とした公的社会保険のこと。
船員保険	船舶所有者に雇用されている船員およびその被扶養者を対象にした保険で、病気や負傷、失業や死亡に対して保険給付を行う。
国民年金保険	日本国内に居住している20歳以上60歳未満の国民全員が加入を義務付けられている社会保険。加入者が老齢や障害、死亡によって損なわれる生活の安定を、国民が共同して維持・向上させることを目的としている。
厚生年金保険	民間企業などに勤務する加入者の老齢や障害、死亡によって損なわれる加入者およびその被扶養者の生活の安定と福祉の向上を目的とした社会保険。強制加入である国民年金保険を基礎年金として、そこに上乗せした形式の社会保険で、加入期間に応じて年金の支給を受けることができる。
雇用保険 (失業保険)	労働者が失業などによって収入を得ることができない状態に陥った場合に、再就職までの生活維持のために失業給付金が支給される。職業訓練などを受ける機会を得ることもできる。
労働者災害補償保険 (労災保険)	業務上の怪我や通勤途中の事故・災害による負傷、そのことが原因での病気や死亡に至った場合に、加入者およびその家族の生活の安定のために保険給付を行うもので、保険料は全額雇用側が負担する。
介護保険	高齢者などが介護施設や在宅で介護サービスを受ける際に発生する費用に対して、一定の給付金を支給することで経済的負担を軽減させるために、40歳以上の人に納付義務がある強制保険。

世界遺産	遺跡、景観、自然など、人類が後世に残すべき遺産として、保護・保全を行うために登録された遺産。ユネスコ（UNESCO：United Nations Educational, Scientific and Cultural Organization：国際連合教育科学文化機関）は、1972年に「世界遺産条約（世界の文化遺産及び自然遺産の保護に関する条約）」を採択、1975年に発効した。 ・文化遺産：建造物や遺跡 ・自然遺産：景観などを持つ地域 ・複合遺産：文化遺産と自然遺産を兼ねたもの の三つに大別される。（2018年7月現在、文化遺産845件、自然遺産209件、複合遺産38件の計1,092件登録）

日本の世界遺産（2018年7月現在、文化遺産18件、自然遺産4件）

登録名称	種類	所在地	登録時期
法隆寺地域の仏教建造物	文化遺産	奈良県	1993年12月
姫路城	文化遺産	兵庫県	1993年12月
屋久島	自然遺産	鹿児島県	1993年12月
白神山地	自然遺産	青森県、秋田県	1993年12月
古都京都の文化財	文化遺産	京都府、滋賀県	1994年12月
白川郷・五箇山の合掌造り集落	文化遺産	岐阜県、富山県	1995年12月
原爆ドーム	文化遺産	広島県	1996年12月
厳島神社	文化遺産	広島県	1996年12月
古都奈良の文化財	文化遺産	奈良県	1998年12月
日光の社寺	文化遺産	栃木県	1999年12月
琉球王国のグスクおよび関連遺産群	文化遺産	沖縄県	2000年12月
紀伊山地の霊場と参詣道	文化遺産	三重県、奈良県、和歌山県	2004年7月
知床	自然遺産	北海道	2005年7月
石見銀山遺跡とその文化的景観	文化遺産	島根県	2007年6月
小笠原諸島	自然遺産	東京都	2011年6月
平泉－仏国土（浄土）を表す建築・庭園及び考古学的遺跡群	文化遺産	岩手県	2011年6月
富士山－信仰の対象と芸術の源泉	文化遺産	山梨県、静岡県	2013年6月
富岡製糸場と絹産業遺産群	文化遺産	群馬県	2014年6月
明治日本の産業革命遺産 製鉄・製鋼、造船、石炭産業	文化遺産	福岡県、佐賀県、長崎県、熊本県、鹿児島県、山口県、岩手県、静岡県	2015年7月
ル・コルビュジエの建築作品 －近代建築への顕著な貢献－	文化遺産	国立西洋美術館＝東京都	2016年7月
「神宿る島」宗像・沖ノ島と関連遺産群	文化遺産	福岡県	2017年7月
長崎と天草地方の潜伏キリシタン関連遺産	文化遺産	長崎県、熊本県	2018年6月

3 企業経営に関する基礎用語

　社会の一員である企業は、経営の効率化を図りながら適正な利益を確保して存続する責任と、商品やサービスの提供を通して社会貢献する使命を持っています。企業に属する一人ひとりが理解しておくべき労働環境や経営に関する基本的知識もしっかり押さえておきましょう。

日本的雇用制度	日本の雇用制度における特徴は、終身雇用制度・年功序列型賃金・労働組合の三つであったが、雇用形態の多様化や転職率の上昇、評価制度の変化、労働組合参加率の低下によって崩壊。
正規雇用者	労働者として直接雇用され、雇用期間に定めがなく、労働時間がフルタイムである雇用形態の労働者のこと。
非正規雇用者	有限契約雇用で、勤務時間も契約に基づいて決められる契約社員・パートタイマー・派遣労働者のこと。
ワーキングプア	生活水準を下回るような収入で働いている状況。
最低賃金制度	労使の合意の有無に関わらず、都道府県ごとに賃金水準の下限を最低賃金として定めている制度。
ワークシェアリング	雇用の維持・創出を図るために、仕事を複数の人員で分かち合うこと。
企業の社会的責任 （CSR：Corporate Social Responsibility）	企業が利益の追求のみに走ることなく、社会の一員であるという自覚と責任を持って、社会からの期待や要求に応えていくこと。
コンプライアンス	法令遵守。企業による法令遵守においては、法律の遵守にとどまらず、適正な社内規定や企業倫理を持ち、企業活動を通していかに社会貢献を行うかという点にまで拡大されている。
アカウンタビリティー	現状や経緯を事実に基づいて明確に説明する責任のこと。
ディスクロージャー	企業経営の情報（実態、実情）を利害関係者に対して開示すること。
ステークホルダー	企業にとっての利害関係者すべてを指す。
リストラクチャリング	事業を再構築することにより、収益性の向上や成長性を加速させること。
顧客満足度	顧客からの評価を数値化して、企業や商品に対する満足度を把握する指標。
ダイバーシティ	多様性。さまざまな違いを尊重して受け入れ、社会やビジネス上の変化にも柔軟に対応していくこと。

ワーク・ライフ・バランス	仕事と生活の調和。
ニッチビジネス	すきま産業。大企業の参入がなく、誰も目を付けていない分野の産業のこと。
M&A	企業の合併（Merger）と買収（Acquisition）のこと。
株主	株式会社の出資者として株式を保有している人または法人。
株主総会	株式会社の最高意思決定機関。
コーポレートガバナンス	企業統治のこと。企業は誰のためにどう方向付けられるべきかについての考え方。
定款	会社の組織や運営、活動の目的に関する根本規則で、会社設立の際には作成が義務付けられている。
社是	会社の経営理念や経営方針、行動規範。
トップダウン	上層部で意思決定したことを下部組織に指揮・命令して実行させる経営方式。
ボトムアップ	下位者の意見を上層部が吸い上げて、経営方針に反映させる経営方式。
就業規則	労働条件や人事制度、服務規定などを定めた規則のこと。
人事考課	一定期間における従業員の業務遂行度や能力、功績を評価・査定すること。
キャッシュフロー	企業活動における現金の流れ。
財務諸表	企業の一定期間の経営実績や一定時点の財政状態などを利害関係者に報告するための書類。代表的なものに、貸借対照表、損益計算書、キャッシュフロー計算書など。
貸借対照表	決算時など一定時点の企業の財政状態を明確にした書類。
損益計算書	決算期など一定期間の企業の損益を計算して、経営成績を示した書類。
決算公告	前年度の決算内容について、株主総会の承認を得た後、一般に報告すること。
会計監査	会計処理が適正に行われているか、財務諸表が適切に作成されているかを第三者が分析し、適否を判断すること。
連結決算	親会社と子会社を一つにまとめて行う決算。
粉飾決算	不正な会計操作をして、経営成績や財務状態を過大ないしは過小評価した決算のこと。
インサイダー取引	公開されていない内部の情報を利用して、株式の売買を行うことで、情報を持たない株主に損害を与えること。

日本語の常識

1　漢字の常識

　ビジネスでは、伝言メモから企画書・報告書などの作成や取引先との文書の送受信など、日本語を的確に使用することが求められます。相手との意思疎通を円滑にするだけではなく、情報を正しく伝達するためにも必要不可欠です。

社会人の基礎としての漢字

哀悼（アイトウ）	曖昧（アイマイ）	斡旋（アッセン）
委嘱（イショク）	委託（イタク）	会釈（エシャク）
閲覧（エツラン）	会得（エトク）	円滑（エンカツ）
横柄（オウヘイ）	思惑（オモワク）	該当（ガイトウ）
界隈（カイワイ）	過酷（カコク）	呵責（カシャク）
割愛（カツアイ）	為替（カワセ）	緩和（カンワ）
希薄（キハク）	生粋（キッスイ）	窮地（キュウチ）
去就（キョシュウ）	均衡（キンコウ）	吟味（ギンミ）
苦渋（クジュウ）	工面（クメン）	供養（クヨウ）
玄人（クロウト）	迎合（ゲイゴウ）	懸念（ケネン）
嫌悪（ケンオ）	顕著（ケンチョ）	控除（コウジョ）
拘束（コウソク）	更迭（コウテツ）	酷似（コクジ）
些細（ササイ）	刷新（サッシン）	傘下（サンカ）
斬新（ザンシン）	暫定（ザンテイ）	老舗（シニセ）
遵守（ジュンシュ）	成就（ジョウジュ）	尚早（ショウソウ）
素人（シロウト）	真摯（シンシ）	迅速（ジンソク）
進捗（シンチョク）	遂行（スイコウ）	杜撰（ズサン）
脆弱（ゼイジャク）	是正（ゼセイ）	折衷（セッチュウ）
潜在（センザイ）	相殺（ソウサイ）	阻害（ソガイ）
妥協（ダキョウ）	逐次（チクジ）	定款（テイカン）

仲裁（チュウサイ）	添付（テンプ）	頓挫（トンザ）
捺印（ナツイン）	如実（ニョジツ）	把握（ハアク）
破綻（ハタン）	批准（ヒジュン）	頻繁（ヒンパン）
吹聴（フイチョウ）	払拭（フッショク）	赴任（フニン）
扶養（フヨウ）	憤慨（フンガイ）	便宜（ベンギ）
偏見（ヘンケン）	反故（ホゴ）	発端（ホッタン）
無駄（ムダ）	網羅（モウラ）	遊説（ユウゼイ）
行方（ユクエ）	癒着（ユチャク）	流布（ルフ）
累計（ルイケイ）	漏洩（ロウエイ）	露呈（ロテイ）

同音異義語と同訓異字語

同音異義語

仕事に意義を見出す 異議を唱える	会議室に移動する 人事異動がある
植物を観賞する 絵画を鑑賞する	契約を更改する 一般に公開する
生産工程を確認する 意見を肯定する	事態を収拾する 情報を収集する
左右対称である 調査対象である	大勢に影響はない 受け入れ態勢が整う
理想を追求する 責任を追及する	人物を保証する 損害を補償する

同訓異字語

具体例を挙げる 油で揚げる	心を痛める 逝去を悼む
権利を侵す 危険を冒す	念を押す 代表に推す
税金を納める 成功を収める	数字を置き換える 係を替える
機転が利く 薬が効く	出番に備える 仏壇に供える
議長を務める 解決するよう努める	業績が伸びる 期限が延びる

その他の基礎用語

1 カタカナ用語の常識

　私たちの生活を取り巻く環境は、国際化の影響から、日常生活からビジネスシーンまでカタカナ用語が頻繁に使用されるようになりました。使用頻度の高いカタカナ用語を理解しておくことは、相手や状況を理解するために欠かせなくなっています。

アイデンティティー	存在証明	アウトサイダー	部外者
アウトソーシング	外部委託	アウトプット	出力、成果
アグリーメント	合意、一致	アグレッシブ	積極的、攻撃的
アシスト	援助、助力	アセスメント	評価、査定
アドバンテージ	利点、強み	アトランダム	無作為、任意
アナリスト	分析家	アポイントメント	予約、約束
アメニティー	快適性	アレンジ	調整、整備
イニシアチブ	主導権	イニシャルコスト	初期投資費用
イノベーション	技術革新	イルミネーション	照明
イレギュラー	不規則、変則的	インストラクター	指導者
インフラ	社会基盤	エージェント	代理人
エキスパート	専門家	エグゼクティブ	経営者
エンドユーザー	最終消費者	オーソリティー	権威
オファー	申し込み	オフィシャル	公式の、正式の
オプション	選択	ガイドライン	目安、指針
カスタマー	顧客	カリキュラム	教育課程
キャパシティー	収容力、能力	キャンペーン	特定の宣伝活動
クオリティー	品質、質	クライアント	依頼人、顧客
クリエイティブ	創造的、独創的	グローバル	地球的規模の
ケーススタディー	事例研究	コーチング	能力開発技法

コーディネート	調整、調和	コストパフォーマンス	費用対効果
コネクション	縁故	コメンテーター	解説者
コラボレーション	協力、合作	コンシューマー	消費者
コンセプト	概念、信念	コンセンサス	合意、意見の一致
サゼスチョン	暗示、示唆	サンプリング	標本抽出
シチュエーション	立場、状況	シナジー	相乗効果
シミュレーション	模擬実験	スキーム	計画、体制
スキル	技能、熟練	ステータス	地位、身分
セールスプロモーション	販売促進	セオリー	理論
セキュリティー	安全、防犯	セグメント	区分
セラピスト	治療士	セレモニー	儀式、式典
ソリューション	課題解決	ターニングポイント	転換点
タイアップ	提携、協力	ダイジェスト	概要、要約
タイムラグ	時間のずれ	ダウンサイジング	小型化
ディテール	詳細、細部	デベロッパー	開発者
デモンストレーション	宣伝実演	テンション	精神的緊張
トライアル	試験、試み	ドラスチック	徹底的な、過激な
ナーバス	神経質な	ニッチビジネス	すきま産業
ネガティブ	否定的	ネゴシエーション	交渉
ノンバンク	非銀行金融機関	バーチャル	仮想の
バイオテクノロジー	生命工学	パフォーマンス	実行、成績
パブリック	公共の、社会の	ハザードマップ	災害予測地図
バリエーション	変化、変形	ファンクション	機能
ファンド	資金、投資信託	プライオリティー	優先順位
フレキシブル	柔軟な	フローチャート	作業工程
ヘッドハンティング	人材の引き抜き	ペンディング	保留
ポジティブ	肯定的、積極的	マーケットシェア	市場占有率
マーケットリサーチ	市場動向調査	マーチャンダイジング	商品化計画
マイノリティー	少数派	ミッション	使命
メインバンク	主要取引銀行	メディア	媒体
リーズナブル	手頃な	リスクヘッジ	危険回避
ロジカル	論理的な	レジュメ	要約

2 欧文略語の常識

　アルファベットを用いた欧文略語は、国際的な組織や経済用語などとして使用されることが多くあります。今後も国際化が進む社会において、欧文略語を理解することは、社会人としての常識となっています。

AIIB	アジアインフラ投資銀行（Asian Infrastructure Investment Bank）
APEC	アジア太平洋経済協力（Asia-Pacific Economic Cooperation）
ASEAN	東南アジア諸国連合（Association of South-East Asian Nations）
AU	アフリカ連合（African Union）
BCP	事業継続計画（Business Continuity Plan）
BRICS	ブラジル、ロシア、インド、中国、南アフリカの新興5ヶ国
CEO	最高経営責任者（Chief Executive Officer）
CFO	最高財務責任者（Chief Financial Officer）
COO	最高執行責任者（Chief Operating Officer）
DIY	日曜大工（Do It Yourself）
EPA	経済連携協定（Economic Partnership Agreement）
EU	欧州連合（European Union）
FRB	連邦準備制度理事会（Federal Reserve Board）
FTA	自由貿易協定（Free Trade Agreement）
GDP	国内総生産（Gross Domestic Product）
GNP	国民総生産（Gross National Product）
IAEA	国際原子力機関（International Atomic Energy Agency）
ICT	情報通信技術（Information and Communication Technology）
ILO	国際労働機関（International Labour Organization）
IMF	国際通貨基金（International Monetary Fund）
IOC	国際オリンピック委員会（International Olympic Committee）
IPO	新規株式公開（Initial Public Offering）
ISO	国際標準化機構（International Organization for Standardization）
JA	農業共同組合（Japan Agricultural Cooperatives）
JAS	日本農林規格（Japanese Agricultural Standard）

JAXA	宇宙航空研究開発機構（Japan Aerospace Exploration Agency）
JICA	国際協力機構（Japan International Cooperation Agency）
JIS	日本工業規格（Japan Industrial Standards）
JOC	日本オリンピック委員会（Japanese Olympic Committee）
LAN	企業内情報通信網（Local Area Network）
LCC	格安航空会社（Low Cost Carrier）
M&A	企業の合併・買収（Mergers and Acquisitions）
MBA	経営学修士（Master of Business Administration）
NASA	アメリカ航空宇宙局（National Aeronautics and Space Administration）
NATO	北大西洋条約機構（North Atlantic Treaty Organization）
NGO	非政府組織（Non-Governmental Organization）
NPO	非営利組織（Non-Profit Organization）
NPT	核兵器不拡散条約（Treaty on the Non-Proliferation of Nuclear Weapons）
ODA	政府開発援助（Official Development Assistance）
OECD	経済協力開発機構（Organization for Economic Co-operation and Development）
OEM	相手先ブランド名での生産（Original Equipment Manufacturing）
OPEC	石油輸出国機構（Organization of Petroleum Exporting Countries）
PKO	国連平和維持活動（Peace Keeping Operations）
PR	広報活動（Public Relations）
SCO	上海協力機構　※中国、ロシア、中央アジア諸国で構成する地域機構
SOHO	自宅や小規模事務所で仕事をする事業者（Small Office/Home Office）
TOB	株式公開買い付け（Take-Over Bid）
TPP	環太平洋経済連携協定（Trans-Pacific Partnership） ※アメリカの離脱を受けて、現在は CPTPP:Comprehensive and Progressive Agreement For TPP（包括的及び先進的な TPP）
UNESCO	国際連合教育科学文化機関（United Nations Educational, Scientific and Cultural Organization）
VR	仮想現実（Virtual Reality）
WHO	世界保健機関（World Health Organization）
WIPO	世界知的所有権機関（World Intellectual Property Organization）
WTO	世界貿易機関（World Trade Organization）

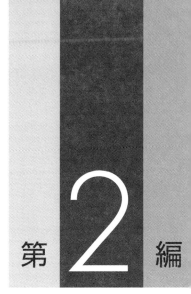

第2編

コミュニケーション

　コミュニケーションとは、情報・考え・思いなどをお互い に言語（会話・電話・文書・メール・SNS）、非言語（表情・ アイコンタクト・しぐさ・ジェスチャー）で伝え合い、理解 し合うことです。ビジネスで求められるコミュニケーション は、顧客をはじめ関係者と信頼関係を構築できる力であり、 相手の主張を理解し、こちらの考えを明確に述べ、説得でき る対話力や交渉力です。

　成功する人は、人に好かれる人であり、コミュニケーショ ンを身に付けずに良い人間関係を築くことはできないと考え ている人です。自分が自分をどう思うかということのみなら ず、人からどう思われているかに関心を持つことが大切です。 ビジネスで活躍するためにコミュニケーションの知識・スキ ルをしっかりと身に付けていきましょう。

職場を円滑にするコミュニケーション

1　コミュニケーションの重要性

　ビジネスでは上司、部下、同僚あるいは顧客や取引先などとの円滑なコミュニケーションが求められます。相手の主張を正しく理解し、自分の考えを明確に伝える対話力や説得力、さらに交渉力が必要になります。仕事は一人で完結するものではなく、多くの場合、チームで動いています。多様な人と協力し、意見の異なる相手とも協働して目標を達成していかなければなりません。円滑なコミュニケーションを図るためには、日ごろから相手から信頼される人間力を磨くことも大切になります。価値観の異なる相手のことも認めて理解するように努め、自己の考えを明確に伝えるために、コミュニケーション力を培うことが重要です。

チームで働く上で必要なコミュニケーション力

①正確・簡潔・分かりやすく・タイムリーに伝える

　人と協力して仕事を進めるためには、自分の意見を分かりやすく伝える発信力が必要です。事実を正確に、ポイントを簡潔にまとめ、相手の立場に立って分かりやすい表現で、タイムリーに伝えます。

②相手の意見を最後まで丁寧に聞く

　聞くことに専念し、途中で相手の話をさえぎらないで聞きます。あいづちや短いコメントで相手に話の先を促したり、聞いていることを姿勢や態度で表すこと（アクティブリスニング）が大切です。

③相手の意見を尊重しながら、対立を恐れず話し合う

　論点をはっきりさせ、お互いの意見が違う点あるいは一致する点は何かを考えます。落としどころを探し、ゆずれるところ、ゆずれないところは何か、妥協点を考えます。

④自分の役割を理解して空気を読む

役割とは、何をどこまでやることが求められているか、ということです。自分の役割や周囲の期待を理解し、それをわきまえて空気を読むことも必要です。

⑤相手の立場や役割を考え、心理に配慮する

仕事において意見が食い違うとき、相手の立場や役割を考えると、相手が考えていることを理解できる場合があります。それぞれが自分の役割を果たし、目標を達成したいと思って仕事をしています。それを阻害する言動をしないようにして、「がんばろう」とやる気につながるポジティブな心理を後押しできればモチベーションが上がります。

2 信頼関係を築くアクティブリスニング

人は自分の話を一生懸命聞いてくれる相手に関心や好感をもちます。人間関係の第一歩は温かく親しみやすい挨拶です。「目は心の窓」です。誠実で熱意ある眼差しで迎えましょう。相手の立場を尊重し、先入観にとらわれずにこちらから話す機会をもつことが大切です。

信頼関係を築くためには、傾聴と主張のバランスを上手にとり、相手の話から真意を汲み取るように心掛けます。相手の話の内容に心からの関心・興味を示し、意味を深く理解しながら聞くようにします。仕事では、用件はメモを取ることで正確に把握するように努め、重要なポイントは復唱確認します。話を熱心に聞いてもらえた、理解してもらえたと感じることで、不明感・不信感・不安感がなくなります。相手への満足と安心感から信頼関係が築かれていきます。

ミラーリング効果

一般的に初対面の人と話すことは、誰でも少しは緊張するものです。そんなときには、相手の雰囲気に合わせてみましょう。呼吸や話のリズムを合わせ、同じ雰囲気を持つと、温かい空気が生まれます。

・呼吸の速さを合わせる　　・話す速さを合わせる

・行動を合わせる　　　　　・話を合わせる

3 コミュニケーションにおけるストロークとは

ストロークとは触れ合いのことです。コミュニケーションにおけるストロークとは、相手の存在を認め、言語・非言語を使って自分から相手に働きかけることです。ビジネスの現場では多くの人と関わりを持ち、人と人が交流しています。その場、その人に応じて適時・適切な肯定的ストロークを出せるようになることが望まれます。相互の肯定的ストロークでチームワークが向上します。

ストロークの種類
①肯定的ストローク

相手に幸福感と喜びを与え、その存在に意味を感じさせるもので、これを受ける人の心の糧となります。

・身体的ストローク：身体に直接触れるストローク

　（例）拍手する・ハイタッチ・ハグ・手を握る・親しみを込めて握手をする

・精神的ストローク：言語や表情・態度で示すストローク

　（例）「ありがとうございます」・微笑む・ほめる・あいさつ・ねぎらいの言葉

②否定的ストローク

「あなたはもうだめだ」というメッセージを送るもので、相手に不快感を与え、憂鬱な気持ちにさせます。

・身体的ストローク

　（例）物を投げる・つねる・けとばす・つきとばす・手を振り払う・押す

・精神的ストローク

　（例）目を合わせない・悪口を言う・無視する・反応しない・無表情

ストロークの実践

ストロークを実践するときには、次のことを理解しましょう。

①肯定的ストロークを相手に与えると、相手からも肯定的ストロークが戻ってくる。

②肯定的ストロークを受ければ受けるほど、心が安定してくる。

③肯定的ストロークが得られないと、人は心が不安定になり、否定的ストロークまでも求め始める。この状況は肯定的ストロークが与えられるまで続く。

　肯定的ストロークの言葉や表情・態度は、相手に自己重要感を感じさせ、信頼関係の形成に役立ちます。

　職場の円滑な人間関係構築や活性化のためには、次のような肯定的ストロークをお互いにやりとりすることが大変重要です。

・いつも優しく微笑みかける

・いつも挨拶の言葉をかける

・「おはよう」「こんにちは」「また明日！」

・「お疲れ様でした！」

・「ありがとう。おかげさまでとても助かったわ（よ）」

・「何かいいことありましたか？とても明るい表情ですね」

・「よく気が付いてくれましたね。ありがとう」

・「あなたなら安心して任せられます」

・「あなたがいてくれて、本当によかったです」

・「ありがとうございます」「どういたしまして」

・「前を失礼します」「どうぞ！」

・「どうぞお先に」「お先に失礼します」

・相手のものや相手に渡すものは、両手で胸の位置から渡す

・後ろを人が通るとき、椅子を引く

4 リーダーシップに生かすファシリテーション

　仕事で意見交換しているときに、自分の意見や考えを話しているつもりなのに伝わらない・考え方の違いを越えられない・相手が何を考えているのか分からないなどの状況に陥ることはありませんか。要点や仕事の進め方を伝えたつもりでも理解されていなかったり、分かったつもりでも理解しあえていなかったりすることは誰にでもあるでしょう。リーダーには、組織を活性化させ、協働を促進させるための働きかけが求められます。

　リーダーに求められる能力の一つにファシリテーションスキルがあります。ファシリテーションとは、会議やプロジェクトなどの集団活動がスムーズに進んで成果が上がるように支援することをいいます。

　例えば会議では、ファシリテーターは発言しやすい雰囲気を作ることでメンバーの意見を引き出し、議論を活性化します。さまざまな意見を受け止め、質問などにより対話を促進させます。議題に沿って出されたアイデアや対処法を論理的に整理し、そのプロジェクトにどのアイデアを採用するのかを合意形成していきます。

合意形成のステップ

	ステップ1 場の目的共有	ステップ2 理由の 共有・合意	ステップ3 アクションの 選択と合意	ステップ4 実行プランの 確認・共有
論点	何の話をなぜここでするのか	なぜそうする？	何を行う？	どうやって行う？
議論のポイント	期待・役割は何か。	何が・どこが問題なのか。理由は何か。	取りうる選択肢は何か。想定されるリスクは何か。その対応策は。	いつ・誰が・何をするのか。プランを実行するために必要なことは何か。

ファシリテーターの役割とスキル

【役割】

ステップ1: 場の目的・共有

・ファシリテーターは中立の立場で、メンバーが話しやすいようにリラックスした雰囲気を作る。

・話し合いの進め方や時間配分についてメンバーに提示し、相互理解を図る。

・メンバーの話は積極的に聞き、メンバー間で傾聴の姿勢を保つように促す。

・メンバー個人が、他のメンバーから厳しく反論されたり無視されたりしないように保護する。

ステップ2: 理由の共有・合意

・メンバーの参加意欲を引き出す。

・発言者が偏らないように配慮しながら、メンバーの意見を深めたり、広げたりする。

・場が煮詰まったときには、これまでの意見を整理し、メンバー同士の話し合いを促す。

・意見の相違があることを肯定的にとらえる。

ステップ3: アクションの選択と合意

・メンバーの発言を記録し、整理・要約する（図式にすると分かりやすい）。

・メンバー間の意見の相違を、より良い対応策に転換し、合意をとる。

ステップ4: 実行プランの確認・共有

・決定事項やプランを実行するための方策を作成する。

・メンバーが意見を出し合って合意したことを、協働して取り組むように仕向ける。

【スキル】

　課題解決に向かって、メンバーの能力が最大限に活用されるように、メンバーが相互理解し合意することが重要です。そのためファシリテーターは次の3点を発揮することが大切です。

①傾聴のスキル

②質問のスキル

③コンセンサスをとる（合意形成を図る）スキル

顧客満足コミュニケーション

1 接遇とホスピタリティ

　接遇とは、その場限りの来客応対にとどまらず、相手に対して最良の心遣いで、最大の満足を感じてもらうことで、好ましい人間関係を築くことです。そのためには「気づき　気遣い　気働き」が大切になります。気遣いとは「心をもって正しきことを行う」ことです。「心」とは人を思いやる気持ちのこと、「正しきこと」とは相手の意向に沿っているか、ということですから「心を込めて、相手が望むことをすること」が接遇の基本です。どんな小さな行動でも、心を込めて人を気遣えば、人間関係が良くなり、仕事が円滑に進みます。

サービスとホスピタリティの違い

ホスピタリティとは、おもてなしのことです。

サービス	・仕える　・言われたことをやっていく
ホスピタリティ	・心から迎え入れる ・喜んでもらえるように、自発的に考え行うこと

　人は大切にされていると感じることで元気になれます。自分のことを考えて、感じよく応対してくれる人に対して、好感や安心感をもちます。マニュアル通りではなく、相手のことを考えて応対することで、信頼関係を築いていくことができるのです。

2 商談で好感をもたれる4要素

好感をもたれる要素

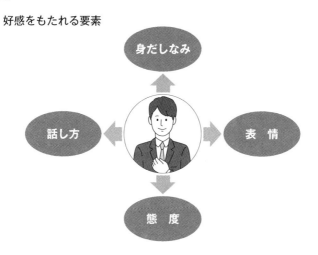

①企業のイメージアップにつながる身だしなみ

　働く人の仕事に取り組む "心の姿勢" が表れるものです。清潔感があり、働きやすく、機能的であることがポイントです。

②安心感を与える声掛け、話し方

　人は「どんなことを言われたか」という内容だけではなく、「どんなふうに言われたか」で話の受け止め方が変わります。声の調子、声の高低、声の大きさ、速さ、口調に気を配りましょう。

③親しみやすい笑顔、やさしいまなざしの表情

　親しみやすい笑顔は、相手の緊張感や不安感を和らげ、心を開く効果があります。応対の初めと終わり、相手の反応を見るとき、挨拶や返事のときは笑顔を心掛けることで、心の温度が上がります。

④目線（アイコンタクト）、態度

　人の心は目に現れます。相手の目を見ることで、相手の心の動き（同意・動揺・好意・反発など）を知ることができ、また自分の相手に対する敬意や大切に思っている心を伝えることもできます。そして立ったときの姿勢や何気ない動作といった態度からも、自分の心が相手に伝わります。背筋を伸ばして、キビキビとメリハリをつけて、笑顔とアイコンタクトを添えましょう。

3 相手の心に響くプレゼンテーション

プレゼンテーションの語源と定義

　プレゼンテーションの語源はプレゼントです。相手のことを想像しながら、贈る目的や、どうしたら喜んでもらえるかを考えることが出発点です。ビジネスでのプレゼンテーションは、コミュニケーション手段の一つです。決められた時間内で、聞き手に対して情報や考えを分かりやすく効果的に伝えることで、理解・納得してもらい行動を促すことが目的です。

プレゼンテーションの四つの要素

　プレゼンテーションを成功させるために欠かせない要素が四つあります。

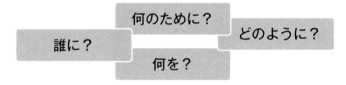

・**誰に？**

　聞き手の人数・地位・立場・ニーズなどを分析し、誰に話すのか聞き手（聴衆）を分析します。

・**何のために？**

　目的を明確にします。説明・説得・納得・行動を促すなどがあります。

・**何を？**

　伝えたいことは何かを考え、一言でまとめてみます。これが結論です。

・**どのように？**

　聞き手が知りたいと思っていること、必要としているものなどを情報収集します。どのようにしたら聞き手に理解してもらえるか、受け入れてもらえるか、満足してもらえるか、次の行動を起こしてもらえるかを考え、構成（シナリオ）を作成し、準備していくことが必要です。

効果的なプレゼンテーションのために準備すること

　決められた時間内で、聞き手に納得や理解をしてもらうために、相手に分かる言葉で伝えることが大切です。

　聞き手は関心・興味がある話、メリット・利益があると思う話、好きな人の話は熱心に聞いてくれます。そうではない場合は、効果的な伝え方をしないと、なかなか聞いてはもらえません。次の項目に留意した準備が重要になります。

①達成するべき目標に合わせて内容を具体化していく

　相手の要望を把握し、達成のために必要な内容をまとめておきます。その領域に関する相手の予備知識が少ない場合は説明を加えますが、逆の場合は省きます。相手が問題解決（ソリューション）を求めているときと、今後の将来展望（ビジョン）を検討しているときでは、提案内容や具体例など話す情報が変わってきます。

②相手のメリットを明らかにする

　相手のニーズ（要望や期待）が何かを把握し、相手にとってのメリット（利点・価値）を明らかにしていきます。

③内容に合わせてコミュニケーションの方法を検討する

　プレゼンテーションの目標と内容、相手のニーズや関心などを考えて、最適なコミュニケーション方法（説明する・実演する・意見を聞く・質問を受ける・質問する・意見交換する・討議するなど）を検討し、組み合わせます。

④時間配分を考える

　あらかじめ話す内容と時間配分を考え、プランなどを作成します。

プレゼンテーションの基本構成

| イントロダクション | ➡ | ボディ | ➡ | クロージング |

①イントロダクション

　「つかみ」の部分。聞き手の関心をひきつけます。プレゼンテーションのテーマや目的、伝えたいことを明確に示します。

②ボディ

　「本論」の部分。三つのパートの中で最も時間をかけて伝えます。ホールパー

ト法や PREP法（Point Reason Example Point）で話を構成すると、聞き手に伝わりやすくなります。

③クロージング

「締めくくり」の部分です。最初に質疑応答を行うことで、聞き手が感じた疑問を解決します。質疑応答後は、再び自分の主張をアピールし、聞き手に感謝を述べます。

分かりやすい話の構成要素と組み立て方

ホールパート法

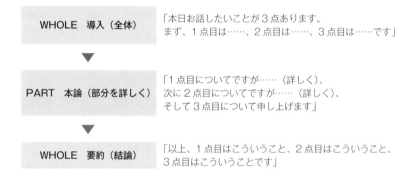

WHOLE　導入（全体）	「本日お話したいことが3点あります。 まず、1点目は……、2点目は……、3点目は……です」
PART　本論（部分を詳しく）	「1点目についてですが……（詳しく）、 次に2点目についてですが……（詳しく）、 そして3点目について申し上げます」
WHOLE　要約（結論）	「以上、1点目はこういうこと、2点目はこういうこと、 3点目はこういうことです」

PREP法

POINT　導入結論	「～に関しての結論は～です」
REASON　理由	「なぜならば、～だからです」
EXAMPLE　具体例	「と申しますのも、具体的には～です」
POINT　最終結論	「よって、～の結論となりました」

プレゼンテーションでの話し方

　どんなに話す内容が良くても、相手に伝わらなくては意味がありません。聞き手を引きつける話し方を心掛けます。

声の大きさ	重要なことは大きな声。些細なことは小さい声。
スピード	伝えたい重要なことはゆっくり話す。その前後は少し早く話して変化をつける。
間	一気に話さないで、話と話の間を空ける。
抑揚	話し手の感情を抑揚で伝える。熱意をこめて強く言う場合もあれば、柔らかく優しく伝える場合もある。
沈黙	大切なメッセージの前に沈黙することで、聞き手に聞く準備をさせる。聞き手の意識が話し手に向くまで待つ。
話し方	熱意をもって、聞き手に語りかけるようにする。

　次は聞き手の集中力をなくす話し方ですので、気をつけましょう！

・声が小さい　　　　　　　　　　・言葉の切れ目に「あー」「えー」「あのー」など雑音が入る

・早口で喋る　　　　　　　　　　・何を言いたいのかよく分からない

・話が平坦でユーモアがない　　　・聞き手の反応を無視して一方的に話す

・アイコンタクトがない　　　　　・批判や悪口を言う　など

好感をもたれる話し方

　社会人として活躍するためには、相手から好感をもたれることが大切です。身だしなみ・表情・立ち居振る舞いに加えて、感じの良い話し方はコミュニケーションをより円滑にしてくれます。パフォーマンス（表情・姿勢・立ち方・座り方・アイコンタクト）とトーク（分かりやすい話の構成・話法）が重要です。

説得力ある話し方

伝える ▶ **伝わる**

聞き手への心遣いがなく、「自分が伝えること」だけを考えている。**自分目線**で話すため相手に伝えたいことがほとんど伝わっていない状態のこと。

自分の話す内容を整理し、相手が理解しやすいように**相手目線**で話すため、相手に自分の伝えたいことがきちんと伝わっている状態のこと。

＜話すときのポイント＞

①自分が理解した上で話す。

②文章はできるだけ短く区切る。

③区切りのいいところで、「ここまで、よろしいですか」と聞く。

④相手の表情や態度に注目する。

⑤プラスとマイナスを分け、どちらも伝える。

　一番大事な目的は「相手に分かってもらう」ことであり、「相手に分かってもらおう」という気持ちです。相手に伝わるように熱意をもって話すことが大切です。

4 クレーム対応

　クレームとは、サービスに対する苦情や改善要求、契約あるいは法律上の権利請求のことです。何らかの理由で顧客が満足していない際に、さまざまなケースのクレームが発生します。クレームを嫌なことと捉えずに、サービスの質を上げるために顧客の声（情報）を真摯に受け止め、改善につなげることが重要です。クレームを未然に防ぐことはとても大事ですが、それでも発生した場合には、問題を最小限に抑えるための、状況把握・対処法の情報共有が大切になります。

クレームの原因

①対応時のコミュニケーション不足

・丁寧ではない、信頼を損ねるような態度で接した。

・自分の感情をそのまま出してしまった。

・ちょっとした確認を怠った。

②顧客の誤解や勘違い

・自分のことを無視された／被害を受けた（と感じる）。

・自分を分かってくれない（と思う）。

・言われていることがよく理解できない。

③業務への集中力の低下・対応時間の少なさ

・業務が多すぎて丁寧に対応できなかった。

・業務知識・技能が不足していて十分に説明できなかった。

クレーム対応の心得

①お詫びの言葉を言う。

②相手の目を見て、訴えに共感しながら、誠意が伝わるように聴く。

③相手の立場になって考える。

④クレームの原因を把握する。

⑤すぐに対応する。

クレーム対応のタブー

①感情的な対応をする。

②たらいまわし。

③相手の責任にする。

クレーム対応時に気をつけたい言葉遣い

　クレームに対しては、誠意のこもった言葉遣いで対応することが大切です。以下の言葉遣いに注意します。

①「申し訳ございません」を言いすぎないようにする（こちらに責任のないときもあるので、簡単に謝罪をしない）。

②「ですからぁ」「先ほども申しましたがぁ」など、語尾がのびる言い方や丁寧ではない言い方は、誠意が伝わらないのでしない。

③「○○様のおっしゃることは分かります。でも…」などと言い訳しない。

④「たぶん、そうだと思います」など、自信のない言い方や曖昧な言い方、「私は担当者じゃないので…」など責任転嫁するような言い方はしない。

クレーム対応のポイント

①受容的態度で迎える

　相手が興奮して近づいてきても、温かく受け入れる表情や誠実な態度で応対します。

②受容しながら最後まで聴く

　聴き手に徹します。「受容」しながら「質問」を投げかけ、事実・感情・欲求を把握します。

　（例）「お差し支えなければ、ぜひもう少し詳しく教えていただけないでしょうか」

③フィードバックし、共感する

　相手の言葉を繰り返す、要約するなどで相手の気持ちを理解したことを伝えます。

　（例）「○○ということですね。それはお困りでしたね」

　　　　「今のお話は、○○ということでよろしいでしょうか」

④お詫びする

不便や不快な思いを招いたことについてお詫びします。

（例）「ご迷惑を（ご不便を）おかけして申し訳ございませんでした」

「ご心配をおかけいたしました」

⑤迅速な処理をする

迅速に処理します。または説明して理解・納得を得ます。

（例）「上司（担当者）に至急連絡をとりまして折り返しご返事差し上げます。

恐れ入りますが、少々お時間をいただけますでしょうか」

⑥感謝する

自分の名前を告げ、お詫びと感謝の気持ちを示します。

（例）「私○○と申します。このたびはご指摘いただきましてありがとうご

いました。今後は十分注意いたします。」

⑦場所や担当する人を変える

長引くケースなどは場所を変えたり、担当する人を変えたりすることで状況

が良くなることもあります。

⑧上司に報告する

上司に報告・連絡して、チームで価値ある情報として共有化します。

ワンランクアップの言葉遣い

1 言葉遣いは心遣い

　ビジネス会話には必ず目的があります。目的を達成するためには、会話を効果的に進めるための準備、心構え、そして相手に対する気遣いが必要です。

ビジネス会話の構成

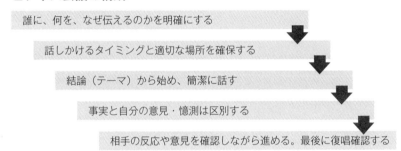

誰に、何を、なぜ伝えるのかを明確にする

話しかけるタイミングと適切な場所を確保する

結論（テーマ）から始め、簡潔に話す

事実と自分の意見・憶測は区別する

相手の反応や意見を確認しながら進める。最後に復唱確認する

適切な言葉遣い

　コミュニケーションを円滑にするコツは、信頼を伝えること、事実に基づくこと、要求ではなくお願いすることなどがあります。話す内容が同じでも、敬語の使い方が間違っていたり、言い方が不適切だったりすると、相手に不明感・不安感・不快感・不信感を与えます。正しい敬語を使うとともに、相手への敬意が伝わる適切な言葉遣いで話すように気をつけましょう。

理解してもらえる
話し方

適切な言葉遣い	適切な敬語
言い方・伝え方	尊敬語・謙譲語・丁寧語

＜ビジネス会話で気をつけること＞

　相手の立場をわきまえた適切な言葉を選びます。無自覚で発した言葉で相手を不快にさせることがないように注意が必要です。

①来客を案内するとき、社内の人は身内と捉え、その行為には謙譲語を使う

「受付から呼ばれます」

⇒「受付からお呼びいたします」

②相手を低く見ていると思わせる言葉は使わない

「ご苦労様です」

⇒「お疲れさまです」「お疲れさまでございます」

「了解しました」

⇒「かしこまりました」「承知いたしました」

「○○様（お客様）はゴルフがおできになりますか」

⇒「○○様はゴルフをなさいますか」

（説明や話の終了後）「課長、何か質問はございますでしょうか」

⇒「課長、何かご不明な点はございますでしょうか」

③「禁止」「ダメ」「できません」は控え、お願いに変える

「この場所での携帯電話の使用は禁止となっております」

⇒「この場所での携帯電話の使用はご遠慮いただいております。エレベーター
　前のエリアはお使いいただけますので、次回よりそちらでお願いできます
　でしょうか」

④語尾に「ね」の使用はなるべく控え、「ね」を伸ばさない

「こちらの机に置いておきますねー」

⇒「こちらの机に置かせていただきます」

⇒「こちらの机に置いておきますがよろしいでしょうか」

＜感謝の気持ちを伝える＞

次のフレーズはセットで覚えましょう。

・心配してくれた人に感謝する

ご心配いただきまして ＋ 恐れ入ります

・助けてもらった人に感謝する

おかげさまで ＋ とても助かりました

・配慮してもらった人に感謝する

ご厚意に報いるため ＋ 全力でがんばります

・いつも気にかけてくれる人に感謝する

いつもお心にかけていただき ＋ 恐縮です

＜ねぎらいフレーズ／いたわりフレーズ＞

・「無事に終了しました。お疲れ様でした」

・「ありがとうございます。おかげさまで助かりました」

・「貴重なご意見をありがとうございます」

・「ご心痛のほどお察しいたします。私にできることがあれば、おっしゃって
　くださいください」

・「どうぞお身体を大切にお過ごしください」

2 不明感・不安感・不信感をなくす敬語の使い方

仕事では年代や職位・立場が異なるさまざまな人とのコミュニケーションが必要になります。自分と相手との関係性をすばやく判断し、言葉遣いに反映させることが重要です。

ビジネスの場での言葉遣いは敬語が基本です。敬語を正しく使うことで、相手の立場や人格を尊重し、相手に敬意を表すことができます。それにより会話もスムーズに進むので、信頼関係を築くことにもつながります。

尊敬語・謙譲語・丁寧語

敬語は大きく分けて3種類あります。

尊敬語

相手の動作や状態を高め、相手に敬意を表す言葉。

①「れる」「られる」をつける

　「話す」→「話される」、「受ける」→「受けられる」など

②「お（ご）〜になる」に置き換える

　「聞く」→「お聞きになる」、「読む」→「お読みになる」など

③「お（ご）〜くださる」に置き換える

　「待つ」→「お待ちくださる」、「送る」→「お送りくださる」など

④慣用語的な別の言葉に置き換える

　「言う」→「おっしゃる」、「見る」→「ご覧になる」など

謙譲語

　自分や身内（社内・家族）の動作や状態をへりくだり、間接的に相手に敬意を表す言葉。

①「お（ご）〜する（いたす）」に置き換える

　「聞く」→「お聞きする」、「案内する」→「ご案内いたす」など

②「お（ご）〜いただく」に置き換える

　「待ってもらう」→「お待ちいただく」

　「案内してもらう」→「ご案内いただく」など

③「お（ご）〜ねがう」「お（ご）〜あずかる」に置き換える

　「ご連絡ねがう」「おほめにあずかる」など

④慣用語的な別の言葉に置き換える

　「言う」→「申す」、「見る」→「拝見する」など

丁寧語

物事全般の言い回しを丁寧にし、相手に敬意を表す言葉。

①文末を「です」「ます」にする

　「言う」→「言います」、「する」→「します」、

　「そうだ」→「そうです」など

尊敬語・謙譲語の活用法

普通語	尊敬語	謙譲語
言う	おっしゃる	申す
聞く	お聞きになる	お聞きする・伺う・拝聴する・承る
見る	ご覧になる	拝見する
いる	いらっしゃる・おいでになる	おる
する	なさる	いたす
行く	いらっしゃる	伺う・参る
来る	いらっしゃる・おいでになる・お越しになる・お見えになる	伺う・参る
食べる	召し上がる	いただく

改まった言葉遣い

通常の言葉遣い	改まった言葉遣い
わたし　僕　自分	わたくし
自分の会社	わたくしども
取引先の社名○○	○○さま
取引先の　　○○部長	部長の○○さま
自社の部長　○○部長	部長の○○　わたくしどもの○○
どこ　ここ　あそこ	どちら　こちら　あちら
明日（あした）	明日（あす　みょうにち）
あさって	明後日（みょうごにち）
男の人　女の人	男の方　女の方
老人	お年を召した方
あの人	あちらの方
この人	こちらさま

間違った敬語の使い方

①尊敬語と謙譲語の混同

・（来客に）「来週の展示会には<u>参られ</u>ますか」

　「参る」は謙譲語なので間違いです。

　⇒「来週の展示会にはお越しになりますか」

　クッション言葉を入れた疑問形にするとより丁寧です。

　⇒「恐れ入りますが、来週の展示会にはお越しになりますでしょうか」

・（来客に）「会議の件は、宮崎課長（上司）がおっしゃっていました」

　「おっしゃる」は尊敬語なので間違いです。来客に言うときには謙譲語の「申す」を使います。

　　⇒「会議の件は、課長の宮崎が申しておりました」

②二重敬語

・（上司に）「新商品パンフレットをご覧になられましたか」

　「ご覧になる」と「見られる」が一緒になり、丁寧すぎて失礼です。

　　⇒新商品のパンフレットをご覧になりましたか。

3 来客応対、商談での言葉遣い

・名前の読み方が分からないとき

　「恐れ入りますが、お名前はどのようにお読みすればよろしいでしょうか」

・どこの鈴木さんか尋ねるとき

　「どちらの鈴木様でいらっしゃいますか」

・誰を訪ねてきたのかを聞くとき

　「どの者をお訪ねでいらっしゃいますか」

・約束をしていたかを聞くとき

　「失礼ですが、お約束はいただいておりましたでしょうか」

・約束をしていた大塚商事の鈴木さんが来たとき

　「お約束をいただいておりました大塚商事の鈴木様でいらっしゃいますね。お待ちいたしておりました」

・約束のない来客のとき

　「ただ今確認してまいりますので、少々お待ちください」

　「あいにく鈴木は仕事が立て込んでおりますので、お会いいたしかねると存じますが、都合を聞いてまいります」

・用件を聞くとき

　「お差し支えなければ、ご用件をお聞かせ願えませんでしょうか」

　「どのようなご用件でいらっしゃいますか」

・伝言を聞くとき

　「よろしければ、私がご伝言を承りますが、いかがでしょうか」

・伝言を頼まれたとき

　「かしこまりました。ご伝言は確かに承りました」

　「かしこまりました。ご伝言は確かに（課長の）鈴木に申し伝えます」

・分からないので、担当者を呼んでくるとき

　「私では分かりかねますので、担当の者を呼んでまいります」

・別の者が話を聞くとき

　「よろしければ、代わりに○○がお話を承るということではいかがでしょうか」

・断るようにと言われていて、帰ってもらえるように言うとき

　「申し訳ございませんが、お断りするようにと申し付かっております。お引き取り願えませんでしょうか」

　「ご期待に添えず、誠に申し訳ございません。お引き取りいただけませんでしょうか」

・日にちを変えてもらいたいとき

　「申し訳ございませんが、日程の変更をお願いしたいのですが、よろしいでしょうか」

・雨の中を来てもらったとき

　「お足元の悪い中、お越しいただきまして誠にありがとうございます」

・来客が帰るとき

　「本日はありがとうございました。お気をつけになってお帰りくださいませ」

・資料を渡してもらいたいとき

　「こちらの資料をお渡し願えませんでしょうか」

　「こちらの資料をお渡しいただけますでしょうか」

・気を遣ってもらったとき

　「お気遣いいただきまして、大変恐縮でございます」

・贈り物をもらうとき

　「恐れ入ります。ありがたく頂戴いたします」

・贈り物を受け取れないとき

「恐れ入ります。お気持ちだけ有難く頂戴いたします」

・贈り物を渡すとき

「心ばかりのものですが、どうぞお受け取りください（お納めください）」

・自分では判断できず、後で連絡するとき

「担当の者に確認いたしまして、後ほど改めてご連絡するということでいかがでしょうか」

・依頼を断るとき

「その件につきましては、お断りするようにと申し付かっております」

「ご期待にそえず申し訳ございませんが、お引き受けいたしかねます」

・椅子に座って待ってもらうとき

「どうぞこちらにおかけになって少々お待ちください」

・迷惑をかけたので、丁重にお詫びを言うとき

「ご迷惑をおかけいたしまして、深くお詫び申し上げます。今後は、このようなことのないように注意いたしてまいります。誠に申し訳ございませんでした」

・上司（大塚課長）から言われて、来客の○○さんに資料を渡すとき

「○○様にこちらの封筒をお渡しするようにと、課長の大塚から申し付かっております」

・今話していいか、都合を聞くとき

「失礼いたします。○○についてお話しさせていただきたいのですが、ただ今、お時間よろしいでしょうか」

4 英語での電話応対

　会社に突然、英語の電話が掛かってくることがあります。電話の受け方、掛け方は日本語と同じです。落ち着いて丁寧に応対することが大切です。また、ビジネスではフォーマルな表現が基本です。

電話を取り次ぐ (R:Receiver/C:Caller)

R: Hello, Otsuka Trading. May I help you?

C: Hello, This is Taro Suzuki from Shinagawa Corporation. Could I speak to Mr. Takana, please?

R: Hold the line, please. I'll connect you.

C: Thank you.

電話を転送する (R:Receiver/C:Caller)

R: Otsuka trading, Marketing Department. Hanako Suzuki speaking.

C: Good morning, Hanako. This is Taro Tanaka from Shinagawa Agency.

R: Hello, Mr. Tanaka. What can I do for you?

C: I'm calling about the next Conference. I want to clear a few points.

R: Mr. Sato in the Planning Department is in charge of the conference. He will be able to help you. I'll transfer you. One moment, please.

間違い電話への応対 (R:Receiver/C:Caller)

C: Hello. May I speak to Mr. Taro Saito, please?

R: I'm sorry. There's no one here by that name. What number are you calling?

C: 03-xxxx-xxxx. Isn't this Otsuka Corporation?

R: No, this is not, I'm afraid you've got a wrong number.

C: Oh, I'm very sorry.

R: That's all right.

ビジネス電話でよく使われる表現

<電話を掛ける>

・会社名と名前を伝える	Hello, this is(名前)from(会社名).
・担当者を呼び出してもらう	May I (Can I / Could I) speak to Mr. Sato?
・電話の目的を伝える	I'm calling on behalf of Mr. Sato. I'd like to confirm my appointment for tomorrow.

・担当者が不在のとき   Can I leave a message?

Could you tell him/her that I called?

Could you ask him/her to call me back?

＜電話を受ける＞

・名前を確認する   May I have your name, please?

May I ask who is calling?

・名指し人を確認する   Who are you calling, please?

May I ask who you are calling?

・電話が聞こえにくい   I can't hear you very well. Could you speak up

a little, please.

・お待ちください   Hold the line, please.

One moment, please.

・誰かとかわる   I'll put him/her on right away.

・出られるか確認する   I'll see if he's/she's available.

・つなぐ・転送する   I'll put you through to….

I'll connect you to….

I'll transfer your call to….

・電話中   I'm sorry, he/she is on another line.

・席をはずしている   He's/She's not in his/her office.

He's/She's not at his/her desk.

・出張している   He is away on a business trip for three days.

・帰社予定   He will be back by 3 o'clock.

・伝言を受ける   Would you like to leave a message?

Can/May I take a message?

・復唱する   Let me repeat that.

・折り返し電話する   May I have him call you back?

Would you like him to call you back later?

・お待たせしました   Thank you for waiting.

I'm sorry to have kept you waiting.

第２編　コミュニケーション

75

目的に合った効果的な話し方

1 相互理解のための分かりやすい話し方・上手な聞き方

　言語で理解することには限界があります。言語コミュニケーション（バーバルコミュニケーション）と非言語コミュニケーション（ノンバーバルコミュニケーション）に配慮することが重要です。ノンバーバルコミュニケーションのスキルアップのポイントは、表情、声のトーン・大小・スピード、姿勢（立ち姿・態度）の三つです。

双方向の円滑なコミュニケーションの留意点

①相手を尊重する

・相手の立場を知る。

・先入観にとらわれない。

・こちらから話す機会をもつようにする。

②表情と態度で相手を歓迎していることを示す

・温かく親しみやすい挨拶をする。

・笑顔で話す。

・「目は心の窓」、誠実で熱意ある眼差しで迎える。

③傾聴と主張のバランスを上手にとる

・相手の話から真意を汲み取る。

・ハートリスニング、ボディリスニングを心掛ける。

④相手のペースに合わせる

・ミラーリング（相手と同じ動作をすることで相手に好感を与える）

・ペーシング（言葉を繰り返す、身ぶり・手ぶりを真似る、声のトーンを合わせるなど）

⑤用件はメモと復唱で、正確に把握する

2 相手が納得する説明の仕方

①説明する内容を十分理解してから説明する。

②内容を予告してから説明する。

③分かりやすい言葉で、文章はできるだけ短く区切る。

④専門用語・カタカナ語・外国語などは相手に合わせて使う。

⑤聞き手の反応を確認しながら説明を進める。

⑥具体的に伝える(実物の模型を使う、写真や絵を使う、図表や統計を示すなど)。

⑦ポイントをおさえ、重要なことや複雑なことは角度を変えて繰り返す。

⑧相手の表情や態度から、相手が理解しているか確認しながら進める。区切りのいいところで「ここまでよろしいでしょうか」と聞く。

3 正確に情報伝達ができる報告の仕方

①最初に結論・概要・事実を正確に報告、必要に応じて経過・理由を述べる。

②緊急度・重要度の高いものはもちろんのこと、良くない結果も早めに報告する。

③長期の案件は、業務終了時だけではなく、途中報告を何度も入れる。順調に推移しているときも、そのことを報告する。

④内容を5W3Hに整理、曖昧な言葉は避け、正確に簡潔に報告する。

⑤数字が多いものや複雑な内容は、概要を口頭で報告し、詳細はメモや文書に記して添える。

4 相手を動かす注意の仕方

①相手に改善してもらうことが目的。事実を正確に把握する。

②なぜそうなったのか、問題は何か、原因を探す。

③そうなった根拠を示し、効果を予測して改善策を示す。相手に解決策を出してもらうことも効果的。

④相手を感情的にさせないために、他の人と比較しない、人前で恥をかかせないように注意する時と場所を考える。原則は一対一で注意する。

⑤注意した後は、改善されているかどうか効果を見守り、改善が見られれば評価する。もし改善が見られないときには、機会を見て繰り返し注意する。

5 相手を不快にさせない断り方

①相手からの依頼は誠実に聞き、相手を傷つけないように配慮する。

②断る意思を明確に、誠実に伝える。

③相手の期待に応えられないことを詫びる。

④断る理由を示す。

⑤可能であれば代案を示す。

6 協働関係を築く依頼の仕方

①依頼する内容を十分理解して、誠意をもって依頼する。

②依頼内容の受け止め方が異なることを予測して、考え方・性格・価値観など相手を理解する。

③命令口調にならないようにする。相手が快く受け入れられるように、「してください」ではなく、疑問形で「してもらえますか？」と頼む。

④依頼する理由と、それにより得られる自分や相手にとってのメリット、会社のメリットなどを明確に伝える。

⑤依頼できる状態なのか、相手の状況を把握する。

7 話を引き出す上手な質問の仕方～オープン・クエスチョン

　質問の仕方には「○○ですか？」と聞いて、「はい」「いいえ」の答えを導く「クローズド・クエスチョン」（閉ざされた質問）と、「はい」「いいえ」以外の答えを導く「オープン・クエスチョン」（開かれた質問）があります。「どんなふうに？」「それはどうして？」「どんなふうにしたい？」など相手に答えを考えさせるオープン・クエスチョンは、たくさんの情報を引き出せるだけでなく、お互いに通じ合える人間関係をつくるのに役立ちます。

オープン・クエスチョンで得られるメリット

① 5W3Hの質問で話が広がる

　「いつ」「どこで」「だれが」「なにを」「なぜ」「どのように」「いくらで」「どのくらい」と尋ねることで、相手の状況が目に浮かぶ情景として把握できます。そこからさらに話を深めたり、キーワードから話を展開させたりすることができます。

②相手の気持ちが伝わってくるので、共感することができる

　「そのとき、どんなふうに感じましたか？」「どう思ったんですか？」と気持ちを聞くことで相手の感情が分かり、親近感が増して話しやすくなります。

③きっかけになった出来事や未来への思いを聞くことで、相手を理解しやすくなる

　「これからどんなふうになりたい？」「それはどうして？」など過去から未来への思いを聞くことで、相手の人柄や価値観などが理解しやすくなります。

④心の中で「どうして」「なぜ」と考えることで相手に近づける

　一方的に質問を続けるのではなく、「どうしてこの人は、○○と考えたのだろう」「なぜこの人は周囲の人から好かれるのだろう」など考えてみます。その人を観察し、想像してみることで、相手の本質に近づくことができます。

⑤「先入観」「偏見」で相手を決めつけずにすむ

　人には表面からは見えない部分があると考えて接します。世の中にはすべてが善い人もすべてが悪い人もいません。相手の中にあるいい部分や意外性を引き出して、肯定的に捉えることで、いい人間関係を築くことができます。

第2編　コミュニケーション

確実な情報共有と円滑な情報伝達

1　相手目線の迅速、簡潔なビジネスメール

　電子メール（以下メールと記載）は、複数の人に同じ情報を一度に送信し、文字として記録に残る形で送ることで、用件を確実に相手に伝達できるため、ビジネスにおける連絡方法として欠かせないものとなっています。メールの特徴や留意点を理解しましょう。

ビジネスメールの特徴

①相手の都合に関係なく送信できる。

②距離に関係なく瞬時に送信できる。

③同時に複数の相手に送信できる。

④文書、写真などデータファイルを添付して送信できる。

⑤返信時に、相手のメールの文章を引用できる。

⑥文字情報として連絡するので、記録として残すことができる。

⑦緊急の用件には不向きである。

ビジネスメール作成の留意点

①メールアドレスは正確に入力する

②件名は内容がひと目で分かるように具体的なものにする

　件名から緊急度や重要度が分かり優先順位がつけやすくなり、仕事を効率よく進めることができます。

・用件が分かりにくい件名

　「お疲れさまです」

　「こんにちは、営業の○○です」

　「ご連絡」

・用件が分かりやすい件名

「部課長会議日程調整の件　営業一課　○○」

「【重要】業界再編成説明会のご案内 _○○株式会社　総務課　○○」

③本文は形式にそって簡潔にまとめる

・宛名 ……………………（社外）相手の会社名・部署名・氏名。

　　　　　　　　　　　　（社内）相手の部署名・氏名などを正確に書く。

・書き出し ……………「いつもお世話になっております。」などの挨拶言葉、

　　　　　　　　　　　　自分を名乗る。

・本文 …………………… 一行は30〜35文字程度の文章にして、区切りのよい

　　　　　　　　　　　　ところで 空白行を入れる。

・結び ……………………「今後ともよろしくお願い申し上げます。」などの

　　　　　　　　　　　　挨拶言葉を書く。

・署名 …………………… 会社名・氏名・メールアドレス・電話番号などの

　　　　　　　　　　　　連絡先を入れる。

④環境依存文字を使わない

メールは環境(パソコンの機種・メールソフトの種類）によって、表示形式が異なります。そのため、機種やソフトの種類に依存した表示や記載方法は使わないようにします。

・半角カタカナ

・機種依存文字 …… 丸つき数字(①、②など）、ローマ数字(Ⅰ、Ⅱなど）、

　　　　　　　　　　各種記号(㈱、㌔、など)

⑤添付ファイルの形式と容量に注意する

ファイルを添付するときには、相手が受け取れる環境であるか、ファイルの形式と容量(サイズ）に注意します。

ビジネスメールの書き方

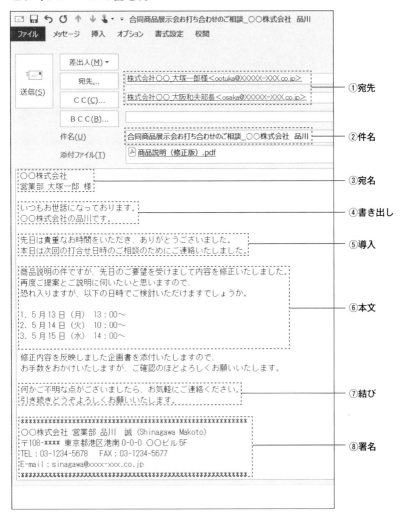

2 英語での基本ビジネスメール

英語のビジネスメールは「短く簡潔に」が基本です。適切なレイアウトで丁寧に礼儀正しく書きましょう。

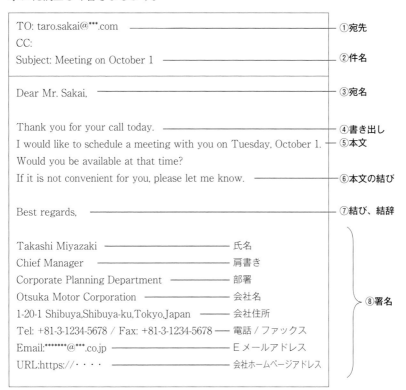

TO: taro.sakai@***.com ——————— ①宛先
CC:
Subject: Meeting on October 1 ——————— ②件名

Dear Mr. Sakai, ——————— ③宛名

Thank you for your call today. ——————— ④書き出し
I would like to schedule a meeting with you on Tuesday, October 1. ——— ⑤本文
Would you be available at that time?
If it is not convenient for you, please let me know. ——————— ⑥本文の結び

Best regards, ——————— ⑦結び、結辞

Takashi Miyazaki ——————— 氏名
Chief Manager ——————— 肩書き
Corporate Planning Department ——————— 部署
Otsuka Motor Corporation ——————— 会社名 ⑧署名
1-20-1 Shibuya,Shibuya-ku,Tokyo,Japan ——— 会社住所
Tel: +81-3-1234-5678 / Fax: +81-3-1234-5678 —— 電話 / ファックス
Email:*******@***.co.jp ——————— E メールアドレス
URL:https://・・・・ ——————— 会社ホームページアドレス

（上記メール内容）本日はお電話をいただきましてありがとうございます。10 月 1 日火曜日にお目にかかりたいと思います。ご都合はいかがでしょうか。ご都合が悪い場合は、恐れ入りますが、ご連絡くださいますでしょうか。よろしくお願いいたします。

第2編 コミュニケーション

①**宛先** ⋯⋯⋯⋯⋯ メールの送信先のアドレスを入力する。

②**件名** ⋯⋯⋯⋯⋯ 前置詞以外の単語の頭は、大文字にする。

「Request for Estimate」（見積書のお願い）

「Inquiry about New Product」（新製品に関する問い合わせ）

③**宛名** ⋯⋯⋯⋯⋯ 基本形は、「Dear Mr.（姓），（コンマ）」

④**書き出し** ⋯⋯⋯ 状況によって書き出し文を変える。

「Thank you for your reply.」（ご返信をありがとうございます）

「I really apologize that I was not able to reply your message soon.」（返信が遅れて申し訳ございません）

「I have received your request.」（ご要望を承りました）

⑤**本文** ⋯⋯⋯⋯⋯ フォント、フォントサイズ、改行、段落に注意して簡潔で分かりやすい文章にする。

⑥**本文の結び** ⋯⋯ ビジネスメールを終わらせる前に一言加える。

「If you have any questions, please feel free to contact us.」（ご不明な点がございましたら、お気軽にお問い合わせください）

「I'm look forward to hearing from you.」（ご連絡をお待ちしております）

「We really appreciate your prompt reply.」（迅速なご返信をありがとうございます）

⑦**結び、結辞**

「Sincerely yours,」「Yours sincerely,」「Best regards,」

⑧**署名** ⋯⋯⋯⋯⋯ メールの最後には、署名を添える。

文例： 次回開催通知

Notification of Metting on Oct 15th

The annual meeting of the board of trustees will be held in the Boardroom

at 10:00 a.m. on Monday, October 15, 20xx. All the members are requested

to attend.

Could you please let me know if you have any questions.

20xx年10月15日月曜日午前10時より会議室で理事会の年次総会を開催いたします。
理事の皆様は、ご出席くださいますようお願いいたします。
何かご不明な点がございましたら、どうぞご連絡くださいませ。

文例： オフィス移転通知

Notification of Office Moving

Thank you for your continuous support as always.

I would like to inform you about office moving. We will move our office

from Shinagawa to Otsuka on day/month. We will stop our operation

at 5PM on day/month. From morning of day/month (Monday), we will

operate normally. I will send you an official information of our new

address.

Thank you very much for your support and continuous help.

平素は格別のご高配を賜り、厚く御礼申し上げます。
弊社オフィスの移転につきまして、お知らせいたします。○月○日に品川から大塚へ
オフィスを移転いたします。○月○日午後5時までは旧住所にて、○月○日月曜日か
ら新住所にて通常どおり営業いたします。新しい住所につきまして、ご案内をお送り
いたします。
今後とも、変わらぬご支援を賜りますようお願い申し上げます。

3 ビジネス文書の形式と作成の留意点

ビジネス文書作成の留意点

社内文書	社外文書
①書式に合わせ用件を簡潔に書く。 ②前文は省き本文に入る。 ③一般的に「です」「ます」体を使う。 ④受信者名、発信者名は職名のみを用いる。 ⑤本文は、できるだけ箇条書きにする。 ⑥本文の終わりに「以上」を入れる。 ⑦用件は1文書には1件だけにする。	①頭語・前文・主文・末文・結語を入れる。 ②結論は先に書く。 ・SDS 法：要約（Summary）⇒説明（Details）⇒まとめ（Summary） ・PREP 法：結論（Point）⇒理由（Reason）⇒具体的な例（Example）⇒まとめ（Point） ③5W3H を意識したり箇条書きを活用するなどして、要点を簡潔にまとめる。

ビジネス文書の形式

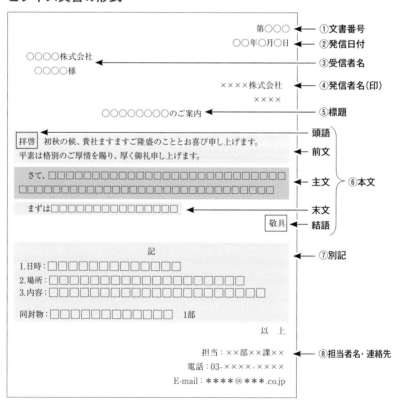

頭語と結語の組み合わせ

用途	頭語	結語
通常の文書	拝啓	敬具
改まった丁寧な文書	謹啓	敬白、謹白
返信の文書	拝復	敬具
事務的な文書（略式の手紙）	前略	草々
見舞状	前略（付けない場合もある）	草々
弔慰状	付けない	付けない

社外文書の慣用表現

急いでお知らせします。	**取り急ぎ**お知らせいたします。
簡略ですが手紙でごあいさついたします。	**略儀**ながら**書中**をもってごあいさつ申し上げます。
どうか面会してください。	ご**引見**のほど、よろしくお願いいたします。
つまらないものですが、笑って納めてください。（品物）	ご**笑納**いただければ幸いに存じます。
結構な品を頂戴しましてありがとうございます。	結構なお品をご**恵贈**くださいましてありがとうございます。
確認してお納めください。（書類）	ご**査収**ください。
いつも、お世話になっております。	平素は格別のご**厚情**（高配・懇情）を賜り、お礼申し上げます。
差し障りがあるかもしれないが、何とか都合をつけて、出席していただけると有難いです。	**万障お繰り合わせの上**、ご**臨席**いただければ幸いに存じます。
どうぞ心配しないでください。	何とぞ、ご**放念**ください。
安心してください。	どうぞご**休心**ください。
季節柄、健康に注意してください。	時節柄、ご**自愛**のほど、お祈り申し上げます。
何かとともに（お礼とともに案内します）	御礼**かたがた**ご案内申し上げます。
少しの落ち度もないようにするつもりです	**万全**を期す**所存**でございます。
いつも特別に引き立ててもらってありがとうございます。	**平素は格別**のご愛顧を賜り、厚く御礼申し上げます。

企業間の良好な関係に必要な社交文書

1 社交文書の形式と作成の留意点

　社交文書とは取引先や顧客との良好な関係を保ち、仕事を円滑にするためにやりとりする儀礼的な社外文書のことです。案内状・招待状、挨拶状、祝い状、礼状、見舞状、悔み状などです。

社交文書作成の留意点

①主に縦書きにする（縦書きは頭語・前文・主文・末文・発信日付・発信者名・受信者名の順に書く）。

②格式が高い文書には句読点はつけない。

③一般的に文書番号や標題は入れない。

④悔み状は頭語、前文を省略し、主文から書く（「重ね重ね」「たびたび」など繰り返すことばも書かない）。

⑤病気や災害の見舞状は、頭語（前略・急啓）のみ書き、前文は省略する。

社交文書例

①祝い状（栄転のお祝い）

　拝啓　晩秋の候　ますますご健勝のこととお喜び申し上げます。
　さて、このたびは大阪支店長にご栄転の由、誠におめでとうございます。本社にご在職中は、格別なご懇情を賜り、深く感謝いたしております。今後とも変わらぬご指導を賜りますよう、お願い申し上げます。何とぞご自愛の上、一層のご活躍をお祈りいたします。
　まずは、略儀ながら書中をもってお祝い申し上げます。
　　　　　　　　　　　　　　　　　　　　　　　　　　　　　　　　敬具

②挨拶状（転勤の挨拶）

謹啓　新緑の候　ますますご健勝のこととお喜び申し上げます。

　さて、私儀、このたび名古屋支店勤務を命ぜられ、過日着任いたしました。本社在勤中は、公私にわたり一方ならぬご厚情を賜り、厚くお礼申し上げます。もとより微力ではございますが、新任務に精励いたす所存でございますので、今後とも一層のご指導ご支援を賜りますようお願い申し上げます。

　まずは、略儀ながら書中をもって、お礼かたがたご挨拶申し上げます。

敬白

③挨拶状（中元の挨拶）

拝啓　盛夏の候　ますますご健勝のこととお喜び申し上げます。平素は格別のお引き立てにあずかり、厚く御礼申し上げます。

　つきましては、日ごろの感謝のしるしとして、別便にて○○をお送りいたしました。粗品ではございますが、何とぞご笑納くださいますようお願い申し上げます。

　まずは、略儀ながら書中をもってご挨拶申し上げます。

敬具

④見舞状（病気のお見舞い）

前略　ご入院なされた由を承り、突然のことに大変驚いております。
お仕事熱心なことへのご無理などが重なったのではないかと、拝察いたしております。

　ご入院後の経過はいかがでしょうか。十分にご静養の上、ご全快を心よりお祈り申し上げます。

　近日中にお見舞いに伺わせていただきますが、とりあえず別便にて心ばかりのお見舞いの品をお送りいたしました。ご笑納いただければ幸いに存じます。

　まずは、取り急ぎ、書中をもってお見舞い申し上げます。

草々

⑤悔み状

　貴社社長○○様には、長い療養生活のかいもなく、ご逝去とのお知らせに、一同驚いております。

　謹んでご逝去を悼み、ご冥福をお祈り申し上げます。

　ご遺族様をはじめ、社内ご一同様のお嘆きもいかばかりかとお察し申し上げます。

　さっそくお悔みにお伺いすべきところ、何分遠方のことゆえ、失礼ながらとりあえず書中をもってお悔み申し上げます。

　なお、同封いたしましたもの、まことに些少ではございますが、ご霊前にお供えくださいますようお願い申し上げます。

⑥案内状（創立記念パーティー）

謹啓　陽春の候　ますますご健勝のこととお喜び申し上げます。

　さて、このたび弊社はおかげさまで創業○年を迎えるに至りました。これもひとえに皆様のご支援・ご愛顧によるものと厚く御礼申し上げます。今後も社員が一丸となり、皆様に喜ばれるサービスを提供できますよう精励いたす所存でございます。

　つきましては、ささやかながら記念のパーティーを開催する運びとなりましたので、ご多忙中、誠に恐縮ではございますが、ご来臨賜りますようお願い申し上げます。

敬白

⑦縦書きでの文書（昇進祝いの礼状）

謹啓　時下ますますご清栄のこととお喜び申しあげます。

平素は格別のお引き立てにあずかり、心より御礼申し上げます。

　さて、私儀、このたびの○○○○就任に際しまして、ご丁寧なご祝意を賜り厚く御礼申し上げます。微力ではございますが、新任務に精励する所存でございます。

　何とぞ倍旧のご支援ご鞭撻を賜りますようお願い申し上げます。末筆ながら、皆様のご多幸をお祈り申し上げます。

　まずは、略儀ながら書中をもってご挨拶かたがた御礼申し上げます。

謹白

○月○日

株式会社○○
総務部長
○○
○○

○○株式会社
営業部長　○○　○○　様

語句	意味
時下	四季に関係なく通年の時候の挨拶
微力	力が弱く足りないと自分の力量をへりくだっていう語
精励する所存	仕事などにひたすら努め励むつもり
倍旧の	以前よりも一層の、より程度を増して

90

第 **3** 編

ビジネスマナー

　ビジネスマナーとは、仕事を円滑に進めるために先人達が
長い年月をかけ経験の積み重ねから作り上げた表現方法で
す。2級・3級では、職場のマナーや来客応対、電話応対、
交際業務、文書の取り扱い、会議、ファイリングなど基本的
なビジネスマナーを学んできました。これらは、仕事を遂行
する上でのいわゆる知識や行動の型となるものです。

　1級では、基本的なビジネスマナーの先にある、ビジネス
パーソンとしての組織における役割と責任、また権限を理解
し、仕事の効率を上げるための高度な処理能力を学んでいき
ます。相手に好感を与え、職場や社外で信頼を得られるビジ
ネスパーソンを目指すことは、ビジネスだけではなく、これ
からの人生をより充実したものにするのに役立つでしょう。

信頼を得られる職場のマナー

1　豊かな人間関係構築の心得

　会社組織は、上司、先輩、同僚、後輩などさまざまな立場の人によって構成されています。職場における人間関係の構築は、仕事のモチベーションを維持する意味でも重要です。人間関係を上手く築き、協力して仕事を進めるためには普段から相手に合わせた対応が大切となります。

職場で信頼を得るために

①挨拶を自分から進んで

　人間関係は、挨拶から始まります。顔見知りではなくても職場にいる人はすべて会社の関係者です。廊下ですれ違う人、エレベーターで出会うお客様、宅配便や清掃のスタッフなどにも分け隔てなく挨拶しましょう。状況に応じた的確な挨拶は職場全体の雰囲気を明るくするとともに、挨拶した人の好感度も上がります。

②役職者の呼び方

　基本は社内では役職者を呼ぶ際は「部長」や「課長」などのように役職で呼びます。会社の顧問弁護士や社会保険労務士、会計士などは「先生」と呼びます。同僚を呼ぶときは「さん」づけで呼びます。「君」や「ちゃん」、呼び捨ては職場では相応しくありません。また、最近では役職に関係なく「さん」でそろえる会社もあります。いずれの場合も、相手に対して敬意を払う呼び方にします。ただし、取引先など外部の人と接する場合は、社内の人間のことは社長であっても「社長の○○がお世話になっております」など呼び捨てにします。

③公私混同をしない

　私用電話、私用メール、備品の持ち出し、会社の機密情報の口外などはしてはいけないことです。公私の境界線が曖昧になると、時として社内不正を引き起こす要因となり、企業のコンプライアンス上の問題にまで発展する恐れがあ

ります。

④体調管理

急な休みや大幅な遅刻は職場に多大な迷惑をかけます。自分の不注意で体調を崩さないよう普段から体調管理が大切となります。

⑤時間管理

仕事は時間があるときに迅速に手際よく進めます。納期・期日を意識し、毎日、その日の仕事の優先順位とスケジュールを確認します。また、身の回りをいつも整理・整頓しておき、探し物などの時間の無駄を減らすようにします。

2 人材育成と後輩指導

職場には秩序や守るべきマナーがあり、社員はそれらに従うことによって仕事が進みます。新人や後輩がスムーズに仕事を行えるかどうかは、指導の仕方に大きく関わってきます。ですから、新人や後輩の指導は、即戦力となる「人材」を育てる重要な仕事です。信頼される指導の仕方を身に付け、「信頼される先輩」を目指しましょう。

信頼される指導とは

先輩と後輩の立場であっても、同じ職場で働く仲間です。相手を思いやる気持ちを持って接しましょう。新人や後輩は、先輩の仕事をする姿を見て自分の仕事の判断をしています。ただ教えるだけではなく、自覚を持って指導にあたりましょう。

①後輩の手本となる

誰に対しても分け隔てなく接し、いつも明るく誠実で、協調性を持ち、新人や後輩から信頼される人柄を目指しましょう。

②仕事への責任感を持たせる

学校を卒業したばかりの新入社員には、仕事への責任感や、会社への帰属意識などを持たせることから指導を始めます。

③やる気を引き出す

入社したばかりの頃はやる気に満ちあふれていても、失敗や注意されること

が度重なると、次第にやる気を失ってしまう社員もいます。自信を失い、やる気や向上心が下がっている社員には、普段以上に声掛けやコミュニケーションを取るようにし、相談しやすい雰囲気を作る、励ます、相手のよい所を褒めるなどして、やる気を引き出します。

仕事の指示の仕方

　指示した仕事が期限どおりに終わらない、頼んだ仕事ができていないのは、指示の出し方が曖昧だったことが原因かもしれません。的確な指示の仕方が重要となります。ポイントは次のとおりです。

①仕事の仕方だけではなく、目的と重要性を伝える

　仕事の内容をただ伝えるだけでは、与えられた仕事の重要性を理解することはできません。「その仕事を行うことに、どんな意味があるのか」「今行っている仕事は会社にとって、どのくらいの利益があるのか」「今の仕事をしっかりこなさないと、どんなリスクや問題が起こりえるのか」など、仕事の目的や重要性も後輩に伝えることが大切です。

②内容を具体的に説明する

　新しく仕事を指示する際、仕事内容はこちらが分かっていることでも、相手にとっては初めてのことです。細部に渡って具体的に丁寧に説明します。相手が理解しているかどうか、確認しながら進めます。

③手本を示す

　指導する内容を説明した後、実際に行ってみせると、よりイメージがしやすく、相手が理解できます。

④見守る

　指示内容を行った後、気づいた点を伝え、相手が一人でできるようになるまで、作業を見守ります。

的確な指示の仕方

仕事を指示する	・仕事の内容を伝えるとともに 　その仕事の目的・重要性を伝える
内容を説明する	・仕事の手順を教える ・細部に渡って具体的に説明する
手本を示す	・実演して見せる ・イメージさせて理解を促す
見守る	・実際に行ってもらう ・気づいた点を伝え、できるようになるまで見守る

後輩に対する指導ポイント

　最近は、人材育成の効率化のため、即戦力を求めて中途採用者を受け入れる企業も多くあります。自社の業務経験はなくても、知識や他社での業務経験はあります。指導のポイントとして、あらゆることを細かく丁寧に教えるのではなく、重要なポイントは教えて、後は後輩を信頼して任せる姿勢が大切です。具体的な指導のポイントは以下のとおりです。

①目標の明確化

　業務経験のある後輩は、仕事を任せることで自ら学び取り、また積極的に取り組んで仕事を身に付けていく傾向があります。しかし、経験があるからといって、すべて任せたままにしてよいわけではありません。まずは、仕事の到達点や目標を明確にし、後輩との共通認識を持つことが大切です。

②仕事は後輩のやり方で

　目標を共有できたら、それを達成するための方法自体は後輩に任せます。自ら考えさせ、試行錯誤しながら課題に向き合わせることが後輩の成長につながります。

③必要に応じて支援

　後輩の業務状況を見守る中で支援が必要と判断した場合、または支援を依頼された場合は、必要な支援を提供します。その際、一方的な指示や批判的行為、後輩のプライドを傷つけることがないよう配慮することが大切です。

3 社内の付き合いマナー

　社内で催される行事は、入社式、仕事納め、仕事始めなどの儀式的なものも
あれば、忘年会や歓送迎会、社員旅行など親睦を深めるものもあります。儀式
的な行事は、一般的に勤務時間内で行われることが多いため、参加する側も勤
務の一環として捉えて参加しますが、忘年会や歓送迎会、社員旅行などは就業
時間後や休日に開催される場合が多いため、プライベートの時間を優先して参
加しない人も多いようです。しかし、社内の親睦を深めるよい機会ですので、
できるだけ参加するようにしましょう。

社内行事参加のマナー

　出欠の連絡は早めに伝えます。よほどの理由がない限り出席します。宴席な
どは、ただの食事の場ではなく、あくまでも仕事の一環です。日頃とは違う場
だからこそ職場の人と積極的にコミュニケーションを取りましょう。

　その際、会社や上司に対する愚痴や不満、取引先のうわさ話などは厳禁です。
無礼講は、「地位や肩書き、礼儀にとらわれず楽しむこと」を言いますが、上
位者が「楽しんでほしい」という意思表示として形式的に言う「お約束」のよ
うな場合もあります。無礼講だと言われても、何でも許されるわけではありま
せん。状況を把握した上で、常識の範囲内で相手に失礼にならないように振る
舞うことが必要です。

社内行事の幹事を任された場合

　上司から歓送迎会の幹事を任された場合、準備や当日やるべきことが多くあ
ります。主役や参加者に気持ちよく楽しんでもらうために、以下の手はずを整
えます。

①準備

・上司と相談し、日時を決定する。

・予算案を決定する。

・会場を決定、予約する。

・関係者に、日時・場所・会費を連絡する。

・進行内容を決める。

・挨拶・スピーチする人を決めて依頼する。

・記念品・花束贈呈などする人を決めて依頼する。

②当日

・当日は誰よりも先に会場に着くようにし、席次を決める。上司と主役が上座に座るように案内する。

・開会の挨拶は司会が行う。その後、参加者の中で一番上の役職者に挨拶をお願いする。

・乾杯の音頭は三番目の役職者にお願いする。

・乾杯の後は歓談の時間。食事が行き渡っているか、空いているグラスはないか気配りを忘れない。一人でいる人にはお酌をして回り、話し役になる。

・歓談が落ち着いた頃、記念品・花束贈呈。依頼者にお願いする。

・終了時間が近づいたら、速やかに会計を済ませる。

・締めの挨拶は二番目の役職者にお願いする。

・終了10分前には退席できるように参加者に声がけする。

来客応対

1 来客応対の流れ

　ビジネスの場面では、来客応対の機会が多くあります。最初の応対が会社のイメージとなりますので、社員一人ひとりが会社を代表しているという意識を持ち、好感を持たれる応対を心掛けましょう。基本となる来客応対の流れは以下のとおりです。

来客応対の流れ

受付・取り次ぎ

　客が来社した際は、立ち上がり、笑顔で「いらっしゃいませ」と挨拶し、お辞儀をします。受付では、客の会社名・氏名・約束の有無・取り次ぐ相手を確認し、取り次ぎます。最近は、受付のない会社も増えていますが、入口近くの社員に限らず来客に気がついた人がすぐに対応するようにしましょう。自分の客だとあらかじめ分かっている場合には、率先して応対するようにします。受付にはさまざまな来客がいらっしゃいます。予想外のことが起こっても冷静に状況を把握し、臨機応変な対応をしましょう。

①**基本的な迎え方**

・**挨拶**「いらっしゃいませ」

・**相手を確認**「○○会社の○○様でいらっしゃいますね」

・**約束を確認**「○○と○時にお約束でございますね。お待ちしておりました」

②機転が利く取り次ぎ

・何時に誰が来るのか担当者に事前に聞いておく。

・初対面の来客の場合、いただいた名刺を担当者に渡す。

・来社した人数を担当者に知らせる（何人来ているか事前に知らせることで書類や名刺の準備ができる）。

③来客が重なった場合

　基本は先着順に対応します。来客の地位や外見、親密度で態度を変えることのないようにします。先客に対応する際は、並んでいる来客に「申し訳ございません。すぐに承りますので少々お待ちください」と声を掛けます。

④約束のない客の場合

　おおよその用件を聞き、担当者に確認します。担当者が会うという場合は、待たせたことを詫び、応接室に案内します。断るように言われた場合は、失礼のないように丁重に断ります。転勤、異動、退職の挨拶の場合は、約束がなくても面会するのが慣例です。担当者が不在でも、代理人を立てるなどして、できるだけ会うようにします。その他、飛び込みのセールスなどは断るよう指示を出している会社もあります。その際は丁重に断ります。

・**約束の有無を聞く**「失礼ですが、お約束はいただいておりますでしょうか」

・**用件を聞く**「どのようなご用件でしょうか」

・**取り次ぐ**「担当の者に確認いたしますので、少々お待ちください」

・**セールスを断る**「申し訳ございませんが、こうした用件はお断りするよう申し付かっておりますので、お引き取り願えませんでしょうか」

⑤来客が日にちを間違えて来た場合（約束は明日）

　来客に日にちが間違っていないか確認します。担当者に連絡し、会えるかどうか確認します。会えるようなら応接室に案内します。会えないようなら別の日時を二、三聞いておき、担当者に伝えて改めて約束してもらいます。

第3編　ビジネスマナー

⑥約束の来客を待たせてしまう場合

来客が約束の時間に来社したものの、担当者の会議や打ち合わせが長引いている、外出先から戻っていないなどの場合は、以下の対応をします。

・20分程度遅れる場合

不在を詫びる ➡ 遅れる理由・戻る時間を伝える ➡ できるだけ待ってもらう

待ってもらえるようなら、応接室に案内し、お茶を出します。担当者が社内にいる場合は、メモで約束の客が来社したことを伝えます。

来客に対して「申し訳ございません。あいにく会議が長引いておりますので、もう少々お待ちいただけますでしょうか」

・30分以上遅れる場合

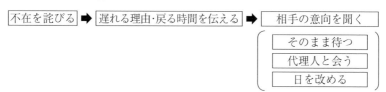

不在を詫びる ➡ 遅れる理由・戻る時間を伝える ➡ 相手の意向を聞く
　そのまま待つ
　代理人と会う
　日を改める

相手の意向を聞く選択肢には、「そのまま待つ」「代理人と会う」「日を改める」などがあります。

意向を聞く「○○は外出先から向かっておりますが、交通渋滞のため30分程遅れそうだと連絡がございました。いかがいたしましょうか」

- 「そのまま待つ」と来客が言った場合、上記と同様に応接室に案内してお茶を出し、新聞や雑誌などを勧めます。

- 「代理人と会う」と言った場合、代理人を立て（担当者に近い関係者）会ってもらうよう頼みます。

- 「日を改める」と言った場合、次回の面談希望日を二、三聞いておき、担当者が戻り次第、日程調整について連絡するように伝えます。また、伝言があれば聞いておきます。

案内

　来客にとって訪問先は慣れない場所です。相手の気持ちになって歩調やペースなどに配慮しながら案内しましょう。案内の際のポイントは以下のとおりです。

①廊下

・「応接室にご案内いたします」など、行先を告げてから案内する。

・「こちらでございます」など伝える場合は、手のひら全体で指し示す。

・手のひらは、右に曲がるときは右手を、左のときは左手を使う。

・案内者は来客の二、三歩斜め前を、様子を見ながら歩く。来客には廊下の中央を歩いてもらう。

②階段

・段差などがある場合、「こちらに段差がございますのでお気をつけください」など気配りの言葉を添える。

・来客には危険回避のため手すり側を勧め、案内者は壁側を歩く。

・階段を上る際は、来客を見下ろすことがないよう先に歩いてもらう。

③エレベーター

・人が乗っていないエレベーターに乗る場合、安全に配慮して「お先に失礼いたします」と言い、先に乗る。

・人が乗っている場合はエレベーターのボタンを押したまま、来客に「どうぞ」と言い、先に乗ってもらう。

・来客をエレベーターの奥へ促す。案内役は操作盤の前に立つ。

・降りる階に来たら、「開」のボタンを押して来客に先に降りてもらう。

④応接室

・事前に利用が分かっている場合、応接室の空調を管理しておく。

・部屋に到着したら、ノックをして中に人がいるかを確認。

・「失礼いたします」と言ってドアを開け、部屋が片づいているか確認。

・急な案内のために前の来客の茶碗が残っている、整理整頓されていないなど の場合は、他の応接室に変更するか、速やかに片づけて案内する。

・内開きのドアの場合、案内者が「お先に失礼いたします」と先に入室し、来 客を招き入れる。外開きのドアの場合、「どうぞお入りください」と来客に 先に入ってもらう。

内開きの場合　　　外開きの場合

・「どうぞ、こちらにお掛けになってお待ちください」と上座を勧める。

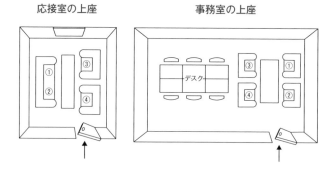

応接室の上座　　　　　事務室の上座

接待

　最近では男女を問わず担当者や新入社員がお茶を出すのが一般的になっています。お茶も簡易型のカップやペットボトルなどで出す会社などさまざまですが、重要な会議や会合、または大切なお客様には、茶碗を茶たくに乗せて日本茶をお出しすることもあります。どのような形であっても「おもてなし」の気持ちを込めて出しましょう。ポイントは以下のとおりです。

①お茶の準備

・来客と応対する自社社員の人数の確認。

・茶碗、茶たくなどにカケやヒビなどの破損や汚れがないか確認。

・お茶の量は茶碗の7分目程度とする。

・お盆、茶碗、茶たく、ふきんを用意。

・コーヒーや紅茶を出す場合、カップ、スプーンの持ち手は右にセットする。

・クリームや砂糖を置く場合、邪魔にならないようソーサーの手前にスプーンと並行してセットする。

②お茶の出し方

・ノックをして入室。

・お茶のお盆をサイドテーブルに置く。サイドテーブルでお茶をセットし、上位者から順に出す。

・サイドテーブルがない場合は左手でお盆を持ち、右手で「片手で失礼いたします」と言って出す。

・本来は右側から出すのが原則だが、応接室が狭くて回り込めない場合は、「こちらから失礼いたします」「前から失礼いたします」などと声を掛けて出す。

・茶碗に絵柄があるときは、絵柄がお客様から正面に見えるように置く。

・茶たくが木製の場合は、木目がお客様から横向きに見えるように置く。

・ペットボトルを出す場合は、紙コップも添えるとよい。

・出すタイミングは、お客様と担当者の挨拶や名刺交換が済んで、席に着いてから。

・お茶を置くスペースが書類で一杯になっている場合、「失礼いたします」と一言掛けてから相手にスペースを空けてもらう。

・お茶とお菓子を一緒に出す場合、お菓子を先に左側に、お茶を後から右側に置く。

・話が長引いている場合、1時間ほどしたら最初のお茶を下げて、新しいお茶やコーヒーなどと取り替える。

見送り

　面談が終わり、お客様が帰る際の見送りは、相手との関係性によって変わります。エレベーターや玄関、車の前など、いずれの場合であっても「ありがとうございました」と、相手の姿が見えなくなるまでお辞儀して見送ります。

片付け

　見送りを終えたら応接室を片付けます。茶碗を洗う、テーブルを拭く、イスの位置を直す、空調や電気を消す、忘れ物がないか確認するなど、使う前と同じ状態にしておきます。

　車、列車、飛行機などの乗り物の席次も覚えておきましょう。

　運転手つき車では運転席のすぐ後が上座となり、オーナードライバーの車ではドライバーの席の隣が上座です。列車と飛行機では進行方向に向かって窓側が上座です。

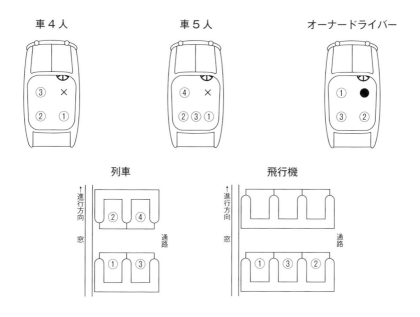

第3編　ビジネスマナー

訪問のマナー

1　訪問準備

　ビジネスの場面では、お客様を迎えるだけではなく、打ち合わせや商談、営業活動など自分が訪問する機会もあります。訪問の際にはしっかりとした準備をして臨みましょう。

面談の約束

　電話やメールで面談の約束を取り付けます。余裕をもって1週間から10日前を目安にするとよいでしょう。訪問日まで日数が空く場合は、近くなったら再度メールか電話で約束の確認をします。約束を取り付ける際の確認事項は以下のとおりです。電話の場合は復唱確認して間違えないようにします。

・用件
・自分の会社名・所属・氏名・連絡先
・希望日時
・所要時間（通常は1時間以内）
・同行者の有無（相手は人数に応じて会議室や書類の用意をする）
・訪問場所

事前準備

　訪問する際に必要なものをチェックします。

・訪問先と自社との関係を事前に上司や前任担当者から聞いておく。
・会社情報をホームページや新聞記事などで調べておく。
・訪問場所の地図（事前に交通手段と所要時間を調べて印刷しておく）
・名刺（きれいな状態の名刺を余分に用意）
・資料（打ち合わせに必要な資料や会社のパンフレットなど人数分用意）
・手帳（スケジュール帳など次回の打ち合わせの日程調整などで使用）

訪問日時の変更をお願いするとき

　面談をお願いした側からの変更は基本的には行いません。緊急事態や、やむを得ない事情で日時の変更をお願いする場合は、次の対応を行います。

・約束の日時に行けないと分かった時点ですぐに連絡する。

・お詫びを伝え、理由を簡潔に述べる。

・変更後の訪問日時を確認する。決定後は、変更はきかないと心得る。

2 面談時

面談10分前

・洗面所などで服装、髪の乱れなど身だしなみを整えておく。

・コートは脱いで小さく折り畳んで手で持ち、マスク、手袋、マフラーなどはかばんに入れる。

・携帯電話はマナーモードか電源オフにしておく。

・面談10分前にはゆとりをもって訪問先に到着する。

・書類や名刺など忘れ物がないか確認、すぐに出せるようにしておく。

・担当者の部署や氏名を再度確認する。

受付で取り次ぎを依頼

・初めての訪問の場合は名刺を渡し、会社名・氏名を名乗る。

・上司に同行する場合、取り次ぎ依頼や記名は部下が行う。

・面会票などに記入する際、先方担当者の氏名に「様」をつける。

・訪問者用の名札やネームホルダーを渡されたら、見えるように身に付ける。

・受付に内線電話が置いてある会社では、相手の部署名、内線番号を確認して訪問を告げ、取り次いでもらう。

・受付がない会社では入口でドアをノックし、中から人が出てくるのを待つ。

応接室

・案内人に席を勧められてから着席する。

・上司に同行している場合は、上司が上座に座る。

・コートやかばんは自分の足元に置く。

・待機中は、下座付近に座って待つ。

・待機中に必要な書類、名刺などを準備。

・担当者が入室したらすぐに立ち上がり挨拶をする。

・初対面の場合は、挨拶、名刺交換の順に行う。

・席を勧められたら「失礼いたします」と言い、着席する。

・下座に着席していて、担当者から上座を勧められたら、辞退せず勧めに従う。

・お茶を出されて担当者から「どうぞ」と勧められたら、いただく。

名刺交換

・名刺入れは、上着の内ポケットに入れます。女性の上着には内ポケットや外ポケットがない場合もありますので、その場合はかばんの中に入れておき、すぐに出せるように準備しておきます。

・相手の正面に立ち、テーブルを挟まないようにする。

・訪問者側から名刺を差し出す。

・渡す相手が複数の場合、役職が上の人から順に渡す。

・名刺は両手で胸の高さに持って「わたくし、○○社の○○と申します」と社名と氏名を名乗り、名刺を差し出す。

・名刺を受け取るときは、両手で受け取り、相手の目を見ながら「○○会社の○○様でいらっしゃいますね。よろしくお願いいたします」などと復唱する。

・複数の人と名刺交換する場合、名刺交換した順に名刺入れの下に重ねていく。

・相手側（格上）から先に名刺を渡された場合は、「申し遅れました、わたくし○○会社の○○と申します」と言葉を添えて名刺を差し出す。

・名刺が足りなくなった場合は、「申し訳ございません。名刺を切らせてしまいまして。わたくし、○○会社の○○と申します」とお詫びをしてから名乗る。次回の訪問時には名刺を準備し、「遅くなりました」と言葉を添えて渡す。会う機会のない人には、後日一筆添えて名刺を郵送する。

・同時交換は、お互いに胸の位置で持ち、同時に差し出し交換する。

・いただいた名刺は、すぐには片付けず机の上に置く。

・相手が複数の場合、座席の順番に名刺を並べる。

面談

　訪問先の面談は、限られた時間をいかに有効に使うがポイントとなります。事前に流れや目的を把握して臨みましょう。ポイントは以下のとおりです。

・挨拶、名刺交換の後、すぐに本題に入らず、雑談をして緊張感を解く。雑談の話題は、季節、趣味、出身地、天気や最近のニュースなどリラックスした雰囲気になるものがよい。政治や宗教、思想の話は避ける。

・本題は結論から先に言い、理由や詳細など後で補足する。

・相手からの質問や要望に対して、自社に確認してすぐ答えられることであれば、相手の了承を得てから自分の携帯電話を使う。

・すぐには答えられない内容については、後日改めて回答することを伝える。

・約束の時間を目安に終了する。その際は訪問者側から面談を切り上げる。「それでは、よろしくお願いいたします」などの締めの言葉とともに、机の上の書類や名刺を片付ける。

・名刺は「こちら頂戴いたします」と言い、しまう。

・起立し、「本日はお忙しい中、ありがとうございました」とお礼を言う。

訪問後

・上司に訪問の報告を行う。

・訪問内容により、訪問先にお礼の電話やメールをすることもある。

3 社外での打ち合わせ

　社外で待ち合わせて会う場合は、お互いに分かりやすい場所を選びます。また、初対面の人との待ち合わせは事前に情報交換しておきます。

待ち合わせ
・駅の改札口は、中央口や南口などいくつも改札がある場合があるので、事前に調べて見当をつけておく。
・待ち合わせの場所や住所は事前に先方に伝えておく。
・あらかじめ携帯電話の番号を知らせておく。
・喫茶店などで待ち合わせる場合、入口に向いた席に着く。
・入口付近でそれらしい人がいたら、こちらから声を掛ける。
・初対面の人の場合、当日の服装やその人の特徴などを聞いておく。
・資料などはすぐに出せるように準備しておく。

打ち合わせ
・喫茶店やホテルのラウンジなど静かな場所を選ぶ。
・相手が来たら飲み物を注文する。飲み物がそろったところで本題に入る。
・あまり大声にならないよう、仕事の話がお互いに聞こえる程度で話す。
・周囲に人がいる公衆の場では機密事項は話さない。
・打ち合わせが終了したら支払いは速やかに済ませる。

接待のマナー

1 目的に合わせたおもてなし

接待とは、ビジネスを円滑に進める、あるいは有益な関係を築くために行う「おもてなし」です。接待は、取引先との親交を深める、情報交換を行う、謝罪やお礼をするなど、もてなす目的があります。また接待には、会食、ゴルフなどのスポーツ、観劇、展覧会やスポーツ観戦などさまざまなものがあります。行う際は、相手の興味や趣味などに合わせて喜ばれる方法を考えます。

2 相手に喜ばれる接待

事前に調べておく情報

宴席の話題や話のきっかけ作りのために、事前に接待する相手の情報を収集します。

・食事や酒の好み。喫煙の有無(予約の際にも配慮できる)

・趣味

・出身地、出身校など

・家族(帰りの土産の選定などに役立つ)

接待の準備

相手に喜んでもらえるよう、接待される側の気持ちになって準備します。

①参加者を決める

接待することが決まったら、上司と相談して相手側と自社側の参加者を検討する。

②日時を決める

日時は相手の都合に合わせる。候補日を二、三日あげて、相手に打診する。

③予算を組み立てる

目的や場所、参加人数によって必要経費を組み立てる。会社で接待の予算が決まっている場合、上司に確認し、予算内に収まるようにする。

④会場選定

目的や参加者に見合う場所を選定。相手の会社や自宅への交通の便などに配慮。料理は、接待相手にふさわしい料理の候補をあげる。相手の嗜好も確認。

⑤会場予約

日時や参加者が決定したら早めに予約する。部屋は、商談や込み入った話をするときや、周囲に気兼ねなく話したい場合などは個室を選定する。人数が多い場合は、宴会場や大広間などを選定する。

⑥参加者に連絡

参加者に日時、場所などをメールや電話で連絡する。重要な接待では、案内状を郵送する。

⑦送迎・手土産の手配

必要な場合、送迎や手土産の手配をする。

⑧会場の下見

事前に（または当日早めに到着し）会場の確認を行い、席次を決める。

⑨前日の最終確認

電話などで参加者に連絡。

もてなす際の留意点

全員が席に着いたところで接待が始まります。大切な相手をもてなす側であることを意識し、有意義な時間となるよう配慮します。

・接待側は、時間に余裕をもって早めに会場に入り、出迎える。

・入店時や案内時、席に着くときには、相手側を優先する。

・全員がそろったら、接待側が簡単な挨拶をする。

・酒の席では、相手が飲めないようであれば強制せず、他の飲み物を勧める。

・会話は、相手を立てて聞くようにする。話の内容も相手が主役になるようにする。

・その場に初対面同士の人がいる場合には、積極的に会話を取り持つようにする。

・終了時間10分前くらいに終わりの挨拶をする。

・終了時間が近づいたら、相手側に気づかれないように支払いを済ませる。

・手土産を用意している場合は、帰り際に渡す。

・相手を見送る。相手側がタクシーで帰る場合は、タクシーが見えなくなるまで、また会場前やエレベーター前などで見送る場合も、相手の姿が見えなくなるまで接待側が全員で見送る。

3 接待を受けるときの心得

接待は仕事ですので勝手な判断はできません。誘いを受けたら即答はせずに上司に相談します。出欠の判断が出たら、できるだけ早く返事をします。

受ける側のマナー

・定刻どおりに到着する。相手側の準備もあるため早く着きすぎない。

・会社の代表としてもてなされていることを自覚し、尊大な態度を取らない。相手を尊重し、礼節をわきまえた言動で接する。

・上司の接待に同行する場合は、上司を立て、控えめな態度で臨む。

・会社の愚痴や機密などを話題にしないように注意する。楽しい話題を提供する。

・接待の翌日には、お礼の電話やメールで感謝の気持ちを伝える。

・上司に報告する。

断る場合のマナー

日程が合わない、会社の事情や方針に合わない、気が乗らないなどさまざまな事情により接待を断る場合もあります。いずれの場合も、相手に失礼にならないよう配慮してお詫びします。

電話応対

1 好印象を与える電話の受け方・取り次ぎ方

電話は、音声のみを使ったコミュニケーションツールです。言葉遣い一つで、その人の人柄や所属する企業そのものが評価されます。電話口に出た人は、会社の代表と見られます。応対の際は、丁寧に感じよく、はっきりと正確に、相手を待たせないよう迅速に行うことが大切です。

取り次ぐ相手が在席の場合

手順	応対のポイント
①電話に出る	・第一声は、明るく、感じよく。呼出し音は3コール前に取る。 ・会社名、氏名を名乗る（場合によっては部署名も）。
②相手を確認する	・挨拶し、相手の会社名・氏名を確認する。 「いつもお世話になっております。○○商事の△△様でいらっしゃいますね」 ・名乗らない場合。「失礼ですが、どちら様でいらっしゃいますか」
③取り次ぐ相手（用件）を聞く	・取り次ぐ相手（用件）を確認し、メモを取る。 「○○でございますね」
④取り次ぐ	・取り次ぐ際。「○○に代わりますので少々お待ちください」 ・保留ボタンを押して取り次ぐ。 ・取り次ぐ相手に「会社名」「氏名」を伝える。 ・取り次いだ相手が話し始めたのを確認してから受話器を置く。

取り次ぐ相手が不在の場合

手順	応対のポイント
①電話に出る ②相手を確認する ③取り次ぐ相手を聞く	①～③は、取り次ぐ相手が在席の場合と同じ。
④現状、対応	・不在の理由、戻る時間を伝える。 ・相手の意向を尋ねる。 ・相手の電話番号を確認し、メモを取る。 ・電話番号を復唱して、確認する。
⑤確認・名乗り・挨拶	・用件が済んだら、確認、名乗り、簡単な挨拶をする。

2 分かりやすい伝言メモの残し方

担当者が不在の場合は、伝言メモを作成し、電話の内容を正確に伝えます。

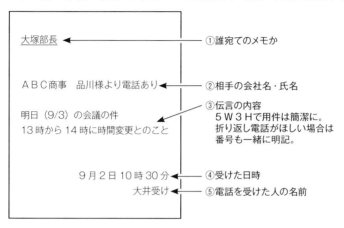

大塚部長 ←──── ①誰宛てのメモか

ＡＢＣ商事　品川様より電話あり ←──── ②相手の会社名・氏名

③伝言の内容
　　5Ｗ3Ｈで用件は簡潔に。
　　折り返し電話がほしい場合は
　　番号も一緒に明記。

明日（9/3）の会議の件
13時から14時に時間変更とのこと

9月2日10時30分 ←──── ④受けた日時
大井受け ←──── ⑤電話を受けた人の名前

3 相手に配慮した電話の掛け方

電話を掛ける際は、相手の貴重な時間と意識し、要領よく簡潔に済ませます。相手に配慮した気遣いが大切です。

掛ける時間帯

電話を掛ける際は、相手の都合と気持ちに配慮し、緊急時や重要なこと以外は以下の時間帯を避けます。やむを得ず掛ける際には「お忙しいところ申し訳ございません」と詫びます。

・始業時　　　・終業時　　　・昼休み　　　・月末、月曜の朝、連休明けの朝

個人の携帯電話に掛ける場合

最近ではビジネスでも携帯電話を利用することが多くなってきました。基本は会社に掛けますが、急ぐ場合は携帯電話に掛けることもあります。その際は、相手の状況を確認して、話してもよいか尋ねます。

「外出先にまでお電話して申し訳ございません。ただ今、お話してもよろしいでしょうか」

留守番電話に入れるメッセージ

　留守番電話だった場合は、長々と話さず、自分の会社名・氏名を名乗り、簡潔に用件を伝えます。

間違い電話をした場合

　間違い電話をしてしまった場合、一方的に切るのは失礼となります。まずは、間違えたことを謝罪し、再度の掛け間違いを防ぐために相手や電話番号を確認します。
「申し訳ございません。番号を間違えました」
「失礼ですが、番号は〇〇−〇〇〇−〇〇〇〇ではございませんか」
「〇〇商事様ではありませんか」

4 状況に応じた電話応対

相手を待たせる場合

　電話応対の際は、できるだけ相手を待たせないように配慮します。目安として、電話を取るまでのコールは3回まで。保留にして相手を待たせるのは、30秒まで。苦情電話に対する折り返しの時間は30分まで。

名前が聞き取りにくい場合

　相手の声が小さい、滑舌が悪い場合は、直接触れず間接的な表現にします。
「少々お電話が遠いようでございます。もう一度おっしゃっていただけませんか」

相手の名前の書き方を聞く場合

　メールや文書で連絡をとる場合、漢字の書き方を聞きます。
「恐れ入りますが、〇〇様（御社）はどのような字をお書きになりますか」

間違い電話を受けた場合

　間違いでも一方的に切ってはいけません。丁寧に間違いであることを伝えます。
「こちら、〇〇会社でございます。番号は、〇〇−〇〇〇−〇〇〇〇ですが、どちらにお掛けでしょうか」

同姓の人が二人いる場合

同姓の人がいる場合、部署名、下の名前、男女の違いで確認します。

「○○という者は二人おりますが、どの部署の○○でしょうか」

「下の名前はお分かりでしょうか」

「男性の○○でしょうか、女性の○○でしょうか」

不在社員の携帯番号を聞かれた場合

基本的に無断で社員の情報を教えるのは控えます。相手の連絡先を聞き、不在の社員に連絡を取って折り返すことを伝えます。

「○○から連絡させていただきますので、ご連絡先を教えていただけますでしょうか」

先方から掛かってきた電話が途中で切れてしまった場合

電話が切れてしまった場合、掛けたほうが掛け直すのが通常です。ただし、しばらく待っても掛かってこない場合はこちらから掛けます。何らかの理由で切れてしまったことを詫び、用件の続きを話します。

問い合わせの電話を受けた場合

内容について分かる場合は、自分で対応します。調べて分かる内容の場合、折り返す旨とおおよその時間を伝えます。自分では分からない場合、担当者や上司に相談して折り返します。

「私では分かりかねますので、後ほど折り返しお電話してもよろしいでしょうか」

担当者不在中にクレームの電話があった場合

迷惑をかけたことを謝罪し、内容を聞きます。担当者が不在のため戻り次第電話することを伝えます。相手の名前と連絡先を聞きます。担当者に電話の件を伝え、対応してもらいます。

冠婚葬祭のマナー

1 慶事のマナー

結婚式招待状の返事

　招待状が届いたら出欠の返事を速やかに出します。返信はがきにはお祝いの気持ちを一言添えます。欠席の場合には、お詫びの言葉と理由を書きます。ただし理由は簡単に「所用のため」「やむを得ない事情で」などの表現に留めます。

・黒の筆ペンかインクで書く。グレーは弔事となるので使用しない。

・あて名は「行」を二重線で消し、「様」を書く。

・「ご」「ご芳」を消し、「ご出席」か「ご欠席」のどちらかを二重線で消す。

・余白にお祝いの言葉と招待のお礼を添える。

・句読点「、」「。」は、終止符を打つなどの意味から使わない。

招待状の返信はがきの書き方

 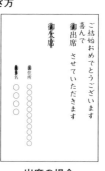 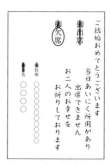

出席の場合　　　　　　　欠席の場合

祝い品・祝儀

①祝い品

・祝い品を贈る時期は招待状が届いてから、挙式1週間前までが目安。

・祝い品を先方の自宅に届ける場合は、大安など日柄のよい日を選ぶ。

・親しい間柄であれば、本人の希望を聞いて品物を選ぶ。

・祝い品はハサミ、包丁、グラスなど「切れる」「割れる」ものは避ける。

・祝い品は、「割れない数」の奇数がよいとされる。ただし、2（ペア）、6（半ダース）、12（1ダース）、8（末広がり）はよいとされる。

・異性に贈るときは、装身具や衣類など身に付けるものは避ける。

②祝儀

祝儀は、祝いの席に出す金銭や品物のことです。

・祝儀は袱紗（ふくさ）に包んで持って行く。

・新札を用意し、金額は奇数を基本にする。ただし、2万円はよいとされる。

・祝儀袋は、金額に見合ったものを選ぶ。

服装

招待客の服装は、新郎新婦よりも派手にならないようにするのがマナーです。

・平服とは「正装でなくてよい」という意味。カジュアルすぎる普段着は不向き。

・男性の服装は、ブラックスーツが主流。

・女性の服装は、花嫁と同じ白一色や弔事を思わせる黒一色の服装は避ける。

・女性の和装は、既婚者は留め袖、未婚女性は振り袖が最も格式が高い。

受付・披露宴

披露宴会場には余裕をもって到着します。受付でご祝儀を渡し、記帳後、案内されるまで控え室で開宴を待ちます。

・大きなかばんなどの荷物や、コートなどの上着はクロークに預ける。

・携帯電話は電源を切るか、マナーモードにしておく。

・受付では「本日はおめでとうございます。新郎の友人の大塚花子です」と、新郎新婦との関係とフルネームを伝えて挨拶する。

・祝儀袋は袱紗（ふくさ）から取り出して渡す。

・新郎新婦のご両親にお祝いの挨拶をする。

・控え室でウェルカムドリンクを振る舞われたら、遠慮なくいただく。

・披露宴では周囲の人にも挨拶し、歓談を楽しむ。

・祝辞やスピーチ、余興のときは周囲の人との歓談を慎む。

・披露宴が和やかな雰囲気になるように気配りを心掛ける。

・退出する際は、新郎新婦に招待へのお礼とお祝いの言葉をかける。

2 弔事のマナー

訃報は突然知らされることが多いものですが、弔事には多くの決まりごとや作法があります。

弔事に関する用語

用語	説明
逝去（せいきょ）	「死ぬ」の敬語。亡くなること
訃報（ふほう）	人が亡くなったという知らせ
享年（きょうねん）	死亡したときの年齢
遺族（いぞく）	故人の家族
喪主（もしゅ）	葬儀を取り仕切る人
弔問（ちょうもん）	遺族を訪問してお悔みを伝えること
弔辞（ちょうじ）	葬儀の際に述べるお悔みの言葉
通夜	親近者が故人と一夜を過ごす儀式
葬儀	遺族や親族が故人の冥福を祈る儀式
告別式	故人に最後の別れをする儀式
社葬	会社主催の葬儀
密葬	身内だけで行う葬儀
法事・法要	故人の冥福を祈るための行事
喪中（もちゅう）	喪に服している期間のこと
香典	霊前に供える金銭のこと
弔電	電報でお悔みを伝えること
供物（くもつ）	神仏や霊前に供える物品のこと
袱紗（ふくさ）	不祝儀袋を入れる包み
布施（ふせ）	葬儀などで僧侶に渡す金品のこと
忌明け（きあけ）	一定の喪の期間が終わること

訃報を受けたら確認すること

　故人やその関係者との付き合いの程度によって対応が変わります。会社関係者の訃報を聞いたら適切に対応できるように必要な情報を収集します。

・逝去の日時・死因
・通夜の日時・場所
・葬儀・告別式の日時・場所・形式
・喪主の氏名・連絡先・続柄
・慶弔規定や前例の対応の情報

弔事の対応

①香典

　香典は故人の宗教によって使用する不祝儀袋が違います。宗教が分からない場合、上書きはどの宗教にも使える「御霊前」とします。参列できないときは香典を不祝儀袋に入れ、現金書留で郵送します。

不祝儀袋の形式

宗教	上書き
仏式	御香典・御香料・御仏前（四十九日後）
神式	御神前・御玉串料・御榊料
キリスト教式	お花料・御ミサ料（カトリック）
すべてに共通	御霊前

仏式　　　　神式　　キリスト教式　すべてに共通

・香典の金額は、故人や遺族との関係などで変わるが、多すぎるとかえって失礼になる場合もある。仕事関係の弔事は上司と相談した上で金額を決める。

・新札は避ける。古いお札がない場合は、縦に折り目をつけて入れる。

・上書きは薄墨で書く。名前は中央に姓名を書く。

②服装

　訃報を受け、悲しみに沈む遺族の気持ちを察して出先から急ぎ通夜に駆けつける際は、平服であっても構いませんが、男性はダークスーツなど地味な色合いの服装、女性の場合も地味なスーツかワンピースなど身だしなみを整えて参列します。葬儀・告別式に参列する際は、喪服が基本となります。

＜男性＞

・喪服、黒のスーツ。

・ダークスーツ、濃紺やダークグレーなどでも可。白無地のシャツ。

・ネクタイ、靴下、靴は黒。

＜女性＞

・服装は地味にし、肌の露出が多いものは避ける。

・スカートの丈は、ひざが隠れるくらい。ストッキングは黒か肌色。

・結婚指輪以外のアクセサリーははずし、つける場合は一連のパール。

・メイクは控えめにし、薄化粧。

・髪型は光沢や飾りのない髪留めを使い一つにまとめる。

・靴は飾りのない黒のパンプス。つま先が出ているサンダルなどは避ける。

③弔問・参列

　通夜は本来、故人と深い関わりを持つ人が最後の別れを惜しむ場です。会社関係者であれば葬儀、告別式に出席するのが基本ですが、都合がつかない場合、通夜に参列します。通夜や葬儀に弔問する際のポイントは以下のとおりです。

・開始時間の10分前には着くようにする。

・受付に行き、「このたびはご愁傷さまでございます」「このたびは心よりお悔み申し上げます」など、お悔みの挨拶をする。

・お悔みの言葉は声の調子を落とし、静かな口調で伝える。言葉につまり、語尾が聞き取れないくらいでも構わない。

・香典を袱紗から取り出し、袱紗に乗せ「御霊前にお供えください」と言って差し出す。

・芳名帳に記帳する。通夜で香典を渡している場合は、葬儀・告別式では「お通夜にも伺いましたので」と伝え、記帳だけ行う。

・上司の代理で参列する場合、芳名帳には上司の名前を書き、その横に「(代)」と書く。

・遺族、親近者は故人と縁の深かった順に前方から座る。一般弔問客はその後ろに到着順に座る。

・通夜や葬儀では故人と関係ない話はしない。知り合いと目が合ったら黙礼する。

・故人の死因を知らない場合、遺族にとって触れられたくないこともあるので弔問者からは聞かない。

・一般的な忌み言葉

追う、追って	あと追いを連想させるため
再び、度々、重ね重ね、くれぐれも、また	悲しみが繰り返されることを連想させる
生存、死亡、生きる	生死に関する直接的な表現
四	死を連想させる
九	苦を連想させる

・神式・キリスト教式は、一般的な忌み言葉の他、「冥福」「成仏」「供養」などの仏教用語を使わない。

取引先の弔事に参列

　自分が関係する取引先の訃報を受けた場合、すぐに上司に報告し、指示を得ます。相手の地位や取引先の重要度によって会社としての対応を決めます。上司に確認して決めるポイントは以下のとおりです。

・香典の名前と金額

・弔電の名前と台紙

・供花の名入れと金額

・通夜・葬儀の参列者

宗教別の作法

仏式　焼香の仕方

①自席で次の人に会釈し、席を少し出たところで遺族に一礼。霊前の3〜4歩ほど前で霊前に向かって一礼する。

②抹香を右手の親指、人差し指、中指でつまみ、軽く目の高さまで捧げ香炉にくべる。

③霊前に向かって合掌し、一礼する。少し下がって遺族、僧侶に軽く一礼して、席に戻る。

仏式　線香のあげ方

①遺族と僧侶に一礼した後、祭壇の前で合掌し、線香を一本とり、ろうそくの火を移す。

②手であおいで炎を消す。口で吹き消さない。数珠を持っている場合は線香を左手に持ちかえて右手で消す。

③香炉に立てて合掌する。一礼して下がる。

神式　玉串の捧げ方（玉串奉奠）

①神職に一礼して玉串を受け取る。右手で枝の方を上から持ち、左手で葉先を支えて受け取り、神前から3〜4歩手前で捧げて一礼する。

②葉先を前に（根元を自分に）向ける。次に右手と左手を持ちかえて、時計回り（右回り）に回し葉先を手前にする。右手と左手をそろえて玉串案に置く。

③一歩下がって神前に向かって二拝し、音をたてず二回拍手し（しのび手）一拝して、席に戻る。二回拍手一拝のみでも構わない。

キリスト教式　献花の仕方

①次の人に一礼、祭壇に進み出て牧師（司祭）、遺族に一礼し花を受け取る。右手で下から花の方を捧げ持ち左手で茎の方を上から持ち、献花台の前に進む。

②霊前に一礼し、花が手前になるように時計回りに回し、献花台に捧げる。

③静かに黙とうし、2〜3歩下がって牧師（司祭）、遺族に一礼して自席に戻る。

葬儀の手伝い

　故人や喪主が同じ会社の社員である場合や親しい人の場合は、葬儀の手伝いを申し出ます。最近は葬儀社に手配し、手伝いが不要な場合もありますが、遺族側からすれば、受付やお金の管理などは親しい人に任せたいものです。手伝いは、受付や道案内、返礼品係、会計係などが一般的です。手伝う際は、遺族側の立場で対応することが大切です。手伝う際のポイントは以下のとおりです。

・手伝いと分かるように胸にリボンや腕に喪章を付ける。

・服装は喪服や黒のスーツを着用。

・知人や顔見知りの人に会っても、個人的な会話は慎む。

・香典、返礼品などの金品は、盗難や紛失のないよう注意して管理する。

・弔問客にお悔みを言われたら「ご丁寧にありがとうございます」「お忙しい中をありがとうございます」などとお礼の挨拶をする。

弔問に行けないとき

　やむを得ない事情がある場合や遠方のため弔問できないとき、また葬儀の後に訃報を知った場合は、できるだけ早くお悔みの手紙を出します。また、香典をお悔みの手紙と一緒に送ることもあります。お悔み状のポイントは以下のとおりです。

・便せん、封筒はどちらも白無地を使う。色柄の入ったもの、二重封筒は使わない。

・黒インクのボールペンや万年筆で、縦書きで書く。

・頭語と結語、時候の挨拶は省き、お悔みの言葉から書き始める。

・お悔みの言葉、弔問に伺えないお詫び、相手の悲しみを推し量り遺族を励ます言葉などを書く。

・お悔み状と香典を一緒に送る場合、現金書留で送る。

第3編　ビジネスマナー

付き合いのマナー

1 食事のマナー

立食パーティー

　会社主催のパーティーなどでは、多くの来客を招待する立食パーティーが主流です。ポイントは以下のとおりです。

・コートや手荷物はクロークに預け、会場内は身軽に動けるようにする。

・会場の入り口や控室などでウェルカムドリンクを出されたら飲んでも構わない。

・料理は、乾杯が済んでから取る。

・料理は食べきれる分だけ取り、山盛りにしない。皿はその都度取り替える。

・基本的には立って食べる。奥に置いてある椅子は年配の方や疲れた人のために空ける。

・食べることに夢中にならず、できるだけ多くの人と交流を楽しむ。

日本料理

　日本料理は箸を使い、器を持って食べます。箸と器を正しく使うことが美しい所作につながります。和食は日常の食事に直結していますので普段から意識しましょう。ポイントは以下のとおりです。

・食べるとき、手を受け皿にしない。

・高価な食器に傷がつくことがあるので、器は重ねない。

・箸は箸置きに置く。ない場合は箸袋を折って代用する。

・蓋のあるものは、取ったら裏返して置いておき、食後に元に戻す。

西洋料理

・ナプキンは二つ折りにし、折り山を手前にしてひざの上に載せる。

・ナイフとフォークは、食事中はハの字にして、食後は斜めにそろえて置く。

・ナイフやフォークなどは、音を立てないようにし、スープはすすらない。

・パンは一口大にちぎって食べる。料理も口に入る大きさに切って食べる。

・同席者と食べるペースを合わせるようにする。

・ナイフやフォークを落としたら、自分では取らずサービス係に知らせる。

・ワインなどをつぐのは給仕をする人の役目なので自分ではつがない。

・ナプキンは、中座の際は軽く畳んで椅子の上に置き、食後はテーブルの上に置く。

中華料理

・回転台は時計回りに回す。

・料理は主賓が取った後に順に回す。

・自分が取るときは他の人の分量も考えて取る。

・食べる際は、スープ皿や取り皿は手に持たず、テーブルに置いたまま食べる。

・回転台の上に自分の皿やグラスなどは置かない。

・回転台を回すときは、他の人が取っていないことを確認してから回す。

2 お見舞いのマナー

病気・ケガのお見舞い

　知人や職場の関係者が入院してお見舞いに行く際は、こちらの気持ちだけで勝手にできるものではありません。同僚が入院した場合に、まとめ役として見舞う際のポイントは以下のとおりです。

①お見舞い準備

・同僚が入院している病院の所在地・面会時間など確認する。

・家族にお見舞いが可能かどうか確認し、可能であれば希望の日時を伝える。

・職場の関係者と相談してお見舞い品やお見舞い金を決める。

・同僚に伝言がないか確認する。

②お見舞い品

・現金を贈る際は、「御見舞」の封筒を使う。

・品物を贈る際は、病気が後に残らないよう、菓子類や洗剤など消耗品を選ぶのが一般的。

・花の場合、「シクラメン」（四、九が入っている）、「椿の花」（首から落ちる）「菊」（葬儀の花）、「ユリ」（香りが強い）、「植木鉢」（根付く）は避ける。

・食事制限されている場合は、食べ物以外の品にする。

③見舞う際のマナー

・服装は、華やかな感じのものは避け、落ち着いた印象を与えるものにする。

・大勢で押しかけない。

・面会時間内で長居はせず10分程度で済ませる。

・病気や病状について具体的に聞かない。

・仕事や会社の話など聞かれたら答えるようにする。

・同室の患者さんにも挨拶をする。

その他のお見舞い

　お見舞いは病気・ケガの他に、以下のものがあります。

①災害見舞い

　地震や風水害、火災など被害にあったことに対し見舞う。

②陣中見舞い

　競技大会へ向けての合宿。イベント開催などの準備をねぎらう。

③寒中見舞い

　お歳暮の時期を過ぎた場合の贈り物。年賀の時期は「年賀」として贈る。

④暑中見舞い

　お中元の時期を過ぎた場合の贈り物。

3 贈答と上書き

贈答のマナー

　贈り物は何の目的かを示して贈りましょう。相手にただ品物を贈っても気持ちを十分に伝えることができません。送り状も合わせて送るようにします。また、贈る時期も大切です。慶事は知らせを受けたらできるだけ早く贈るのが基本です。弔事は早すぎると準備をしていたような印象を与えるため注意が必要です。

季節の進物

　お中元やお歳暮は日ごろからお世話になっている人に、感謝の気持ちを込めて贈る季節の挨拶です。お世話になった取引先や上司、親戚など、末永くお付き合いしたい相手に贈るのが一般的です。相手に合わせて贈る品物を決めます。

①会社宛に贈る

　仕事中に飲食できるものが喜ばれます。相手の人数に配慮して個数の多いものを贈ります。切り分ける必要のある菓子やフルーツなどは、社員の手を煩わせることになるので、個装で手を汚さずにすぐに食べられる菓子などが好まれます。

②個人宛に贈る

　一人暮らしの人に、大量の生ものなどを贈ると相手が困ります。家族構成や好みなどを考えます。お中元やお歳暮は、自分や相手が喪中のときに贈っても問題ありませんが、時期をずらして落ち着く頃に贈るとよいでしょう。

祝儀袋・不祝儀袋・熨斗紙（のしがみ）

①各部の名称

　祝儀袋はお祝い事などの慶事に、不祝儀袋は弔事に使います。祝儀袋の右上には「熨斗（のし）」がついています。不祝儀袋にはつきません。お中元やお歳暮などの贈り物には熨斗と水引が印刷された「熨斗紙（のしがみ）」を使います。

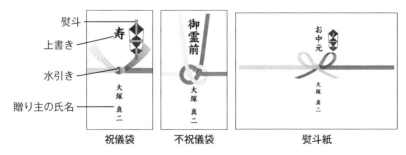

熨斗		
上書き		
水引き		
贈り主の氏名		

寿　　御霊前　　お中元

大塚　真二　　大塚　真二　　大塚　真二

祝儀袋　　不祝儀袋　　熨斗紙

②水引の結び方

蝶結びは、何度でも結び直せることから「新築」「開業」「出産」など、何度繰り返されてもよいお祝い事に使います。結び切りは、一度結んだらほどけないことを意味し、「結婚」のような一度きりにしたいお祝い事や不幸を繰り返さない願いを込めて弔事などで使います。

蝶結び　　　　結び切り

③上包みの折り方（折り返しの重ね方）

祝儀袋は下からの折り返しが外側に、不祝儀袋は上からの折り返しが外側になるようにします。

上向きが外側

下向きが外側

祝儀袋の場合　　　不祝儀袋の場合

④上書きと氏名の書き方

基本の上書き	社名を入れる場合	部署で贈る場合	あて名を入れる場合

上書きは贈る目的を表す言葉。贈り主の氏名は姓名を書く。	中央に役職名・氏名を、右側にやや小さく社名を書く。	部署名の下に「一同」と書く。	あて名は、左上に入れる。

連名の場合

3名までは全員の氏名を記す。右側が上位者、中央が中位者、左側が下位者。

あて名を入れて連名の場合

あて名を入れる場合は、左側が上位者、中央が中位者、右側が下位者。

4名以上の場合

代表者の名前のみ入れ、左側に「他一同」と書く。

お返しとお礼

　贈り物を受けたら、お返しやお礼をするのがマナーです。しかし、高価なお返しはかえって失礼となるので、それに見合った配慮が必要です。

①一般的なお返しの目安

　慶事：目上・同僚には半返し（半額）

　　　　目下には全返し（全額）

　弔事：半返しか三分返し（3分の1程度）

②お返しを必要とするもの

・披露宴に招待しなかった場合の結婚祝いは、「内祝」として記念の品を贈る。

・香典は、四十九日後に「忌明」「志」として挨拶状と一緒に贈る。

・病気見舞いは、回復したら「快気祝」としてお礼の品を贈る。

・出産祝いは、お宮参りを済ませた後に「内祝」として縁起のよい品を贈る。

③お返しを必要としないもの

・お中元やお歳暮はお世話になった人へ贈るもの。品物が届いたらお礼状を出す。

・栄転祝いは、新任地での近況を報告しながらお礼状を送る。新任地の名産品など贈るのは自由。

・退職祝いは、近況報告を兼ねたお礼状を送る。感謝の気持ちを込めてハンカチや菓子など贈ってもよい。

・災害見舞いは、お返しは感謝の気持ちでよい。状況が落ち着いたら近況報告を兼ねたお礼状を送る。

情報の扱い方

1 情報とは

資料、数値、観察の結果から得た事実のことをデータといいます。そして、データを加工・分析すると何らかの意図や価値を得ることができます。これが情報となります。データは、自分にとって意味のある情報となることもあれば、意味のない、単なるデータでしかないこともあります。データや情報は必要な人にのみ価値があるものです。ただし、自分には利用価値がなくても、他者には重要な場合があることを認識し、データや情報の扱いには十分注意しなくてはなりません。

情報の活用

情報は世の中にたくさんあります。しかし、中には事実と異なるゆがめられた情報も存在します。そのため、その情報が正しいかを分析・判断し、自分にとって必要かつ有効な情報を選択する必要があります。情報を主体的に選択、収集、活用、編集、発信する情報活用スキルがビジネスでは重要になります。このスキルを情報リテラシーといいます。

情報資源とは

情報は、企業を形作り動かすための経営資源（「ヒト」「モノ」「カネ」「情報」）の一つとしても重要な要素です。企業はモノを製造、販売、サービスを提供する中で付加価値を生み、その対価を得ることで成り立っています。その企業活動は情報によって企画、管理されます。顧客情報、市場情報、仕入れ先情報、生産管理情報、財務情報など、さまざまな情報を的確に取り扱うことで正しい経営が成り立ちます。情報は、企業経営の根幹を成す重要な経営資源との認識が必要です。

人事情報　顧客情報　市場情報

財務情報　企業の主な情報資産　技術情報

コンピューター　記録媒体　ヒトの記憶・知識

　そして、情報そのものだけではなく、情報を収集、処理、保管するための装置まで含めて情報資産といいます。企業には多くの情報資産が存在し、それらはコンピューター、記録媒体、書類、ヒトの記憶や知識などさまざまな形態をとります。ITの普及にともない、情報資産の価値はますます高まっているといえます。

2 情報セキュリティの重要性

　情報を取り扱う際は、適切な情報管理が必要です。情報漏洩は企業の信用を失い、競争力の喪失に加えて、賠償問題にまで発展する場合があり、ダメージは計り知れません。大切な情報を守りつつ活用するには、そのための知識と対策が必要となります。

情報漏洩が起こる主な原因

　企業や組織では、大量の情報を保管、蓄積しています。情報セキュリティ対策では、情報を管理し、情報漏洩を防止することが重要です。特に2005年4月

に個人情報保護法が全面施行され、個人情報の取り扱いに一層の注意が必要となりました。情報漏洩が起こる経路として、パソコン本体、スマートフォン、タブレット端末、外部記憶媒体（USBメモリなど）、紙媒体、ファイル交換ソフトなどがあります。また、情報漏洩の原因は、誤操作、紛失・置き忘れ、不正アクセス、管理ミスなどが全体の7〜8割を占め、ウイルスや盗難など外部からの攻撃は、それほど多くはありません。従って、不適切な取り扱いや不注意など人為的なミスが情報漏洩の大きな要因となっていることを認識し、普段の行動を見直すことから情報セキュリティ対策が始まります。

個人情報の漏洩原因

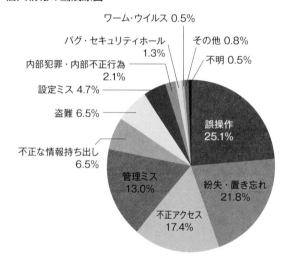

出典　NPO日本ネットワークセキュリティ協会
　　　「2017年 情報セキュリティインシデントに関する調査報告書【速報版】」

情報漏洩の具体的対策

　情報漏洩を防ぐために注意する点は以下のとおりです。

①物理的・技術的な防御

　情報に近寄りにくくする、または情報の持ち出しを困難にします。

・会社や組織の情報や機器を許可なく持ち出さない。

・私物のノートパソコンやプログラムなどを許可なく持ち込まない。

・多数の目に触れる場所では、書類、機器、外部記憶媒体(CD、DVD、USB
　メモリなど）を放置しない。

・長時間離席する場合や帰宅するときは、机の上を整理・整頓し、重要な書類
　やノートパソコンを所定の場所に収納する。

・機密情報を印刷した用紙は、プリンターやコピーなどの裏紙に再利用しない。

・内部に記憶が残る機器(デジタル複合機、液晶プロジェクタ、デジタルカメ
　ラなど）が盗難にあわないように管理する。また、廃棄の際には必ず内部記
　憶を消去してから処分する。

・機密情報が印刷された紙を廃棄する場合、細かく細断し、鍵のかかる箱に入れ、
　専門業者へ処理を依頼する。

②心理的な抑止

　漏洩が見つかりやすい環境を作る、機密情報に対する認識を高めるといった
ことも大切です。

・機密情報を取り扱う場所を制限する。

・防犯カメラを設置する。

・どれが機密情報か一目で分かるように表示する。

・機密保持に関する契約を文書で交わす。

第3編　ビジネスマナー

情報モラル

1 情報モラルとは

　情報モラルとは、情報を扱う上で必要とされる道徳や倫理感のことです。情報機器や通信ネットワークを通じて他者と情報をやりとりするときに、他者や自らを害することがないよう注意を払うことや、インターネットなどの情報通信を利用する際のネチケットなども情報モラルに含まれます。

ネチケット

　「ネチケット」とは、「ネットワーク」を利用する者の「エチケット」のことで、インターネットを利用する際に心掛けるべきマナーや規範のことを言います。ネチケットは、実社会で行うコミュニケーションと同じように、他人に礼儀正しく、周りに迷惑をかけないことが基本です。

　インターネットを利用する際は、自分のことだけではなく、その先に繋がっている世界中の利用者に対しても社会的な配慮をしなければなりません。利用上の注意は次のとおりです。

①公の場であることを忘れない

　特定の人とコミュニケーションをしているつもりでも、不特定多数の人がそのやりとりを見ています。公の場であるという意識を常に持つことが大切です。特に、個人情報や機密情報を公開する、著作権や肖像権を侵害するなどの行為はしないよう注意が必要となります。

②情報発信するときは内容に十分注意する

　インターネット上で公開された情報は、人から人へと拡散していきます。それを見た人が誤った判断をしたり、不利益を被ったりする可能性もあります。投稿する内容は十分注意が必要となります。

＜発信や拡散をしてはいけない情報＞

・特定の人を中傷・攻撃している発言

・法律・ルールに反した情報

・曖昧な情報

・個人情報、機密情報

・所属の企業・組織・関連企業に関する内容

③迷惑メール・詐欺に注意

　インターネット上には詐欺などの悪意をもったユーザーによる投稿も溢れています。対策をしないでいると、気がつかない間に犯罪に巻き込まれたり、被害を受けたりすることもあります。セキュリティソフトを入れて、トラブルを未然に防ぎましょう。

④目的に応じたサービスを利用

　インターネット上のコミュニケーションサービスを利用する際には、使い方や特徴をよく理解することが大切です。最近ではブログ（Blog）や、「LINE」「フェイスブック（Facebook）」「インスタグラム（Instagram）」など個々のつながりを促進するさまざまなサービスがあります。それぞれのメリット、デメリットを確認し、目的に応じて使い分ければ、最大限活用できます。

2 電子メールのネチケット

　電子メールはビジネスに欠かせない重要なツールです。しかし、相手の顔が見えない分、送る際には十分留意が必要です。利用する際の注意点は、次のとおりです。

①送信前に宛先を確認、内容を必ず読み返す

　送信先が間違いないか確認します。また、送信ボタン一つで瞬時に相手に届くので内容を読み返し、確認してから送りましょう。

②添付ファイルは名前をつけ、容量の大きいものは送付しない

　音声データや動画、写真など、容量の大きなファイルをメールに添付して送ると、エラーになる場合や相手に届かないことがあります。

　添付ファイルを送る際には、本文にも「ファイルを添付します」など、一言入れます。ファイル名は分かりやすい名前をつけ、容量の大きいものは圧縮して送ります。その他、「クラウドサービス」や「ファイル転送サービス」など

を利用してファイルを送る方法もあります。

③機密情報を送る際はパスワードをつける

　機密情報を電子メールで送る際はファイル保護のため、ファイルにパスワードをかけます。添付ファイルとパスワードは別々に送ります。

④不審なメールや添付ファイルは開かない

　多くのコンピューターウィルスがメールを利用して感染を広げます。不審なメールや添付ファイルは開かないようにしましょう。確認のために開くときは、ウィルスチェックを必ず事前に実行します。迷惑メールは興味本位で開かずそのまま削除します。

3 その他 SNS 使用のネチケット

　近年、ビジネスでのやりとりにも LINE や Facebook メッセンジャーなどを利用する人が増えてきました。こうしたツールは、迅速に連絡や報告ができて便利、宛先や「いつもお世話になっております」といった定型の挨拶文が不要でいきなり本題に入れるなど利点がある一方、注意するべき点が多々あります。

①プロフィールの名前は本名で登録する

　ビジネスで社内外の人と連絡先を交換する際にプロフィールの名前がニックネームでは、後日改めて連絡を取る場合、誰なのか分からなくなってしまいます。ビジネスで使用する際は、事前に本名で登録しておくとスムーズです。

②宛先の確認を忘れない

　LINE では、24時間以内に送ったメッセージを自分や相手のトークルームから消すことができる「送信取り消し機能」ができました。しかし、受信者側には「メッセージの送信取り消し」の履歴が表示され、基本的には一度送ったという事実は残ります。間違いがないように宛先は必ず確認しましょう。

③既読をつけたら早めに返信

　LINE や Facebook メッセンジャーは相手が読んだことを示す既読機能がついています。情報を LINE で送信後、「既読」に変われば相手が読んだことが確認できて便利な反面、「既読」になっても反応がないのは、相手にとって印象がよくありません。既読をつけたらなるべく早く返信することが大切です。

④基本は短文

　長文は読みづらいため、複雑な内容のやりとりには不向きです。メールで伝えたい内容を送った後、LINEなどで「○○について、メールしました。確認をお願いします」など伝えるとよいでしょう。

⑤大事な情報はメモに残す

　グループトークでは、それぞれメンバーがトークするため、気がつくと膨大なメッセージがたまっているということもあります。大切な情報が埋もれてしまい見つからない、ということがないように、必要な情報は別でメモに残すとよいでしょう。

⑥スタンプはむやみに送らない

　気軽に使えるツールですが、むやみにスタンプを送らないようにしましょう。取引先からクレームがあったことを上司からLINEで知らされ、スタンプで「ゴメンナサイ」と送るなど、スタンプだけで謝罪をするのはふざけていると受け取られ失礼になります。ビジネスでは節度を守り、上司から注意を受けた場合には真摯に応える姿勢が大切です。スタンプはTPOに合わせて使用しましょう。

仕事のやりとりで
謝罪にスタンプを使うのは失礼です

⑦撮影・掲載には注意が必要

　SNS上にお店や友人を載せる場合、肖像権を侵害する恐れがありますので配慮が必要です。必ず許可を取ってから撮影、掲載しましょう。

第3編　ビジネスマナー

会議の運営と進め方

1　理想的な会議を進めるために

　上司から会議の準備や進行を任された場合、ただ何となく行えばよいという
ものではありません。複数の参加者が集まり情報共有や問題解決を図る大切な
時間ですので、効率よく進めることが必要となります。会議の目的を理解し、
理想的な会議を目指しましょう。

理想的な会議とは

①事前に話し合う内容や情報、ゴールが共有されている

　自分が必要かどうかも分からない会議では、参加者は負担を感じることとな
り、前向きな参加は望めません。事前に議題や話し合う内容を知らせておくこ
とで、参加者は議題にそった質問や発言を考える時間の余裕が生まれます。ま
た、ゴールを意識することでスムーズな議論も期待できます。

②時間管理が的確である

　参加者全員が開始時間に席につき、予定終了時間とともに解散する会議や、
会議中に電話や呼び出しなどで中座することがない会議は、議論に集中するこ
とができ、よい会議といえます。

③意見交換しやすい雰囲気である

　発言するのはいつも同じ人である場合や、一言も発言しないで終わる人がい
る会議、また議論をしても結局は上位者が最終的に決定する会議では、参加意
欲が失われてしまいます。参加者一人ひとりが尊重され、本音で自由に発言で
きる場の雰囲気が大切です。

会議の目的

　通常は、会議は目的があるから開催するものですが、開催が目的化している、
結局何も決まらない会議も少なくありません。目的が明確でないと「何の意味

もない時間」になってしまいます。会議の目的は「話し合って一定の結論を出す」ことです。この「結論」を参加者が共有し、実施することに会議開催の意義があります。１時間の会議に10人参加する場合は、10時間分の価値があるものにしないと見合わないといわれます。効率的かつ効果的な価値ある会議を行うためには、事前準備や運営の仕方が鍵となります。一つの会議で複数の議題を話し合う場合は、準備・運営を議題ごとに注意して行います。

2 会議の種類

会議の種類は機能により大きく三つに分かれます。

①意思決定会議

取り上げられた議題に対して、何らかの判断を下し「決める」会議。「決める」ためには、事前に情報となる資料やデータを配付しておき、参加者がじっくりと検討する時間があると望ましいものです。

②情報共有会議

参加者同士が、共有の必要性がある情報を伝達する「伝える」会議。ただし、「伝える」だけが目的である場合は、可能な限りメールや文書など代替手段での伝達が望ましいです。会議を行う利点は、伝えたときのメンバーの反応などを直接受けとめられること、方向性を全員で確認し一体感や帰属意識を持たせられること、参加者に当事者意識を持たせられることがあげられます。

③創造的問題解決会議

問題解決に向けてさまざまな視点で意見を出し合い、アイデアを「広げる」会議。ブレーンストーミングは、制約のない状態でアイデアを自由に出してもらうため、あらかじめ「否定しない」「質より量を重視」「どんなアイデアも歓迎する」などルールを確認してから始めることが大切です。

3 会議用語

会議用語	説明
アジェンダ	会議を円滑に行うために、予定している内容のまとめを事前に提示すること。計画・予定表・議事日程・協議内容など。
議案	会議で審議・決定するための原案。議事の対象となる案件。
議題	会議にかけて討議する内容。
議事	会議で審議すること。審議するべき事柄のこと。
委任状	委任したことを記載した文書のこと。採決に際して賛否を、委任状を預けた人に一任する。
オブザーバー	会議に出席を許されていて発言することはできるが、会議の正規メンバーではないため議決権を有していない人。
議長	会議の議事進行上の責任者。
キャスティング・ボート（議長決裁）	採決にあたって賛成と反対が同数になった場合、議長が採決のための投票権を行使すること。

4 会議参加の心得

　理想的な会議を実現するためには、参加者の自覚や積極性が大切になります。会議中のマナーや言動にも注意が必要です。

・事前に資料を読んでおき、理解して会議に臨む。

・開始時間に遅れない。

・会議中は、やむを得ない所用のない限り席をはずさない。

・発言する際は、全員に聞こえるように話す。

・発言は結論から先に、後から理由を説明し、簡潔に意見を述べる。

・意見を聞くときは「うなづき」「あいづち」など傾聴を意識する。

・個人の人格を傷つける発言や、相手を否定する発言はしない。

・発言者の意見を受け入れ、尊重する気持ちを持つ。

5 会議の事前準備から片付けまで

　会議を主催する場合、事前準備から当日の運営・進行、片付けまでが会議の仕事となります。会議の流れを理解し、万全の体制を整えましょう。

事前準備

　一般的に、会議前の準備は次のとおりです。

・会議の目的を明確にし、議題を決める。

・参加者を決め、開催日時、会場を設定する。

・会議の参加者に開催案内を出す。

・会議に必要な資料の準備。必要に応じて事前配布。

　会議を効率的に進めるための留意点は以下のとおりです。

①参加者の選定

　会議の目的に合わせて必要最低限の参加者にします。人数が多いほど話がまとまりにくく、会議の時間が無駄に長くなることもあります。参加者の選定には「本当に今回の議題に必要な人だけ」を選ぶことが大切です。人数を最低限にすることで無駄な発言が減り、議論に集中することができます。

　参加者が確定したら、名簿を作成し、漏れがないか確認します。また、出欠の返事が来ていない場合は、連絡を取り確認します。

②会場の選定

　参加人数や会議の目的、広さ、交通の便などを考慮し、会議に適した会場を選定します。プロジェクターやマイク、ホワイトボード、パソコン環境、照明、空調設備、会場案内看板、受付場所など必要なものを事前に確認します。

＜会場レイアウトのパターン＞

形式	説明
ロの字型	参加者全員が顔を見合わせ、適度な距離感で意見交換が行えるレイアウト。ロの字の中央に空きスペースができるため、ある程度の部屋の広さが必要。
コの字型 Vの字型	発表会や業務報告など、ホワイトボードやスクリーンを見ながら進める会議に適している。ロの字型と同様、机を配置するスペースがいるため、ある程度の広さを確保する必要がある。
スクール型	勉強会や講演、セミナーなど、1人が複数の人に対して情報伝達を行う際に向いている。資格試験や筆記試験などの際にも使用される。参加者全員で意見交換やディスカッションをする場合には不向き。
シアター型	スクール型と同じく座席がすべて前を向いているレイアウト。スクール形式との違いは、机を使用せずに椅子だけを並べるため、より多くの人数を動員できること。入学式や演奏会、上映会など筆記をともなわない場合はこの形式をとる。
島型	会議室内に机を島に見立てて複数作るレイアウト。各テーブル4～6名程度のグループとなる。数人同士で議論や実習を行うときに使われる。アイランド形式とも呼ばれる。

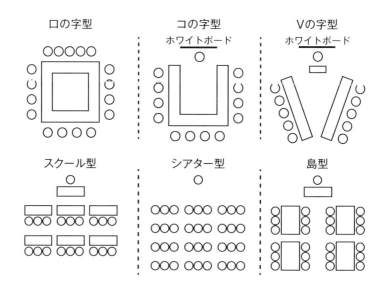

③開催案内

開催通知を作成し、文書やメールで案内します。開催通知には次のような項目を記入します。

＜開催通知の記載項目＞

・会議の名称

・開催日時（開始〜終了予定時刻）

・開催場所（住所、連絡先、会場名、階、室名など）

・議題（開催の趣旨）

・出欠の連絡方法と締切日

・主催者、担当者名の連絡先

・駐車場や食事の有無

・配付資料など

④当日のスケジュール確認

・受付や議事録作成の担当者を決めておく。

・茶菓や飲み物、食事のサービスなどは事前に手配しておき、何時に誰が担当するか決めておく。

・休憩は90分に1回程度を目安とし、集中力が途切れないようにする。

当日の準備

会議開催の当日は限られた時間でスムーズに進行ができるよう参加者への配慮も必要です。

①案内表示

外部で行う会議では、会場の玄関に会議名や主催者名などを表示し、参加者が迷わないよう案内係などを置きます。

②受付の設置

会場近くに受付を設置します。参加者名簿に基づき出欠を確認します。配布物や名札がある場合、受付で参加者に渡します。

③会場管理

・レイアウトは会議に合わせて設営。

・空調や照明、騒音など室内の環境は適切であるか確認。

・プロジェクターやマイクなど使用する機器類を準備。

・マーカーやチョーク、ペンなど備品の確認。

・配布資料の準備（事前配布の場合は予備を用意）。

6 会議進行のポイント

①最初に挨拶する

　立ち上がり、会議開催の挨拶を宣言します。忙しい中集まってくれたことへの感謝の気持ちを述べます。進行の自己紹介をします。また、外部の参加者がいる場合は紹介も行います。

　「お時間になりましたので、ただ今より○○会議を始めます。本日司会進行を務めます、○○と申します」

　「お忙しい中、お集まりいただきましてありがとうございます」

②安心して参加できる環境を作る

　いきなり会議が始まり、先の予定が分からないと参加者は不安になります。会議のスケジュール、終了予定時刻、休憩時間の有無、休憩場所の案内、留意事項など参加者が安心して参加できる環境を作ることが大切です。

　「本日の予定は、～です。休憩は○時、○時頃に取ります。終了時刻は○時を予定しています」

③会議の意図、概要を伝える

　会議の目的、話し合う内容を明確に伝えることで心の準備が整い、参加意識が高まります。

　「本日の会議の目的は○○です」

　「本日は、○○について皆さまからご意見を伺いたいと思います」

④共通ルールを伝える

　「質問がある場合は挙手で伝える」「人の発言に対して否定しない」「発言の前に所属と氏名を名乗る」など会議のスムーズな進行のために共通ルールを伝えます。

⑤会議中

　発言者が偏らないよう全員が発言できるようにします。議論が脱線しそうな

ときは、会議の流れを断ち切らないようにしながら柔らかい口調で戻します。

「○○さんは、ただ今の議論についてどう思いますか」

「申し訳ありませんが、○○に絞ったご意見をお願いします」

⑥議論終了

議論が終了したら、会議の内容をまとめ決定事項を伝えます。会議の成果、目的が達成されたことで参加者の満足度も高まります。

「皆さまのご協力のもと、○○に決定いたしました」

「貴重なご意見をいただきありがとうございました」

⑦会議終了の挨拶

会議の終わりには、貴重な時間を割いて会議に参加してもらった感謝を伝えます。また、次回会議の予定や内容を伝えます。

「以上で○○会議を終了いたします。貴重なお時間をありがとうございました」

「それでは以上で閉会いたします。次回は、○月○日○時から行います」

⑧議事録作成

会議の概要、話し合った内容、経過や結論、情報共有のために必要な事項などをまとめて議事録を作成します。作成後、関係者に報告します。

情報の収集・管理と整理法

1　情報収集の仕方

　情報社会といわれる今日、インターネットの普及により、誰でも簡単に世界中の情報を得られるようになりました。世の中には種々雑多な情報が溢れています。無数に存在する情報を収集できる一方、本当に必要な情報を絞り込み、迅速かつ有効に活用する工夫がビジネスでは必要となります。自分にとって必要な情報は何かを見極め、取捨選択することが大切です。

情報収集のポイント

　情報を収集する際には次のことが重要になります。

①信頼できる情報を収集する

　情報はインターネットを使えば簡単に得ることができます。しかし、すべてが信頼できる情報とは限りません。Webサイトの運営者は個人や企業、官公庁などさまざまです。間違った情報に惑わされないよう、信頼できる情報源を組み合わせて使い、正しい情報を収集しましょう。

②情報に敏感になる

　普段から仕事に関連する情報をすぐに収集できるよう、業界紙を定期購読したり、興味・関心のあるテーマのメールマガジンに登録してチェックしたりと、アンテナを張っておきましょう。古い情報は間違ったものもありますので、最新のものに更新・修正します。

③情報を整理する

　収集した情報は、後で活用できるように保管、整理しておきます。メールであればフォルダーを分けて保存、電子データであれば後で検索しやすいようにファイル名を分かりやすい名前にして保存、紙の書類であればそのままファイリングして保管するか、スキャナーで読み取り電子化するなどします。

情報源に関する主な出版・印刷物

種類	概要
機関紙・誌	団体などが活動内容を発表したり、会員と情報交換をしたりするために発行する新聞や雑誌。
官報	国の告示、人事など政府が国民に知らせるために発行する機関誌。
白書	政府が発行する各界の現状と展望をまとめた報告書。
業界紙	その業界に関する情報を報道する新聞。
会社四季報	国内の全上場企業の所在地、財務情報など会社の情報をまとめた刊行物の名称。
現代用語の基礎知識	現代人に必要と考えられる用語辞典の名称。毎年新語を加えて編集されている。
紀要	大学や研究所などの研究論文集。
カタログ	商品や作品などを一覧で紹介するもの。
パンフレット	商品や施設などの案内・説明・広告などに用いられる複数ページの印刷物。
リーフレット	商品や施設などの案内・説明・広告などに用いられる一枚刷りの印刷物。

社内各部門の取り扱い情報

　会社組織は各部門、それぞれの業務によって扱う情報が異なります。どの部署がどのような情報を取り扱っているか把握することも必要となります。

部門	取り扱う情報
総務部	株主総会、取締役会、各種行事・式典、備品管理など。
人事部	採用関連、福利厚生、教育研修、給与体系など。
経理部	決算書、財務諸表、部門別収支などの数値情報。
営業部	販売計画、顧客名簿、営業所別売上など。
企画部	市場調査などの各種調査、新商品開発など。
広報部	IR（投資家向け広報活動）、広報誌、社内報など。

2 データの管理

　収集した情報を活用して文書を作成する際、以下の工夫をすると効率よく仕事ができます。

・報告書や見積書など、使用頻度の高いファイルはテンプレート（文書の雛形）として保存しておくと、効率が上がるだけではなく、作成時のミスも減らせる。

・ファイル名は、後で検索しやすいようにルールを決める。「案件名」「内容」「日付」などを入れることで検索しやすくなる。

　（例：「○○商事_提案書_20180101」）

・作業が継続中のファイルがある場合、「一時保管」「作業中」などのフォルダーがあるとすぐに取り掛かれて操作時間を短縮できる。

・作成途中のデータを「改訂版」などとすると、改訂が再度あると「改訂の改訂」と分かりにくくなるので、あらかじめバージョン番号を入れるとよい。

　（例：「○○商事_提案書_20180101ver3」）

代表的な情報ソフトウエア

　ビジネスで一般的に使われるソフトウエアは以下のとおりです。用途に合わせて使い分けましょう。

Microsoft Word	Windows/Mac ユーザーが使用	文書作成に使用する。報告書やレポート、複数ページに渡る文書作成に向いている。表・図・グラフも挿入できる。
Pages	Mac/iPad ユーザーが使用	
Microsoft Excel	Windows/Mac ユーザーが使用	表・グラフの作成、表計算、データベース管理などに向いている。計算式の設定が可能なため見積書や請求書などにも使われる。
Numbers	Mac/iPad ユーザーが使用	
Microsoft PowerPoint	Windows/Mac ユーザーが使用	プレゼンテーション資料の作成に向いている。プロジェクターで投影してプレゼンテーションする際に便利。
Keynote	Mac/iPad ユーザーが使用	
Adobe Acrobat	PDFファイルの 編集用ソフト	PDFは印刷レイアウトをデジタル形式で保存したもの。作成した文書の閲覧を目的とする共通のファイルフォーマットとして利用できる。
Adobe Reader	PDFファイルの 閲覧用ソフト	

3 書類のファイリング方法

1日5分の書類探しも、毎日積み重ねると年間20時間にもなるといわれます。必要な書類が探してもなかなか見つからない原因はファイリングの方法にあります。書類やデータを的確に整理・分類できれば、時間を節約でき、仕事の効率も上がります。

ファイリングの3ステップ

ステップ1　廃棄	
不要な文書を処分	書類は処分か保管か決めます。必要なもの以外は捨てます。

ステップ2　共有化	
文書は「課」「部」単位で一括管理	紛失リスクや情報漏洩のリスクも減らせます。

ステップ3　管理	
「保管状況」を維持	利用頻度が低くなったら、書庫へ保存、期限が過ぎたら廃棄します。

ファイリング整理のポイント

・課や部、個人で重複した文書、PDFなどにデータ化した文書、保存期間が満了になった文書、今後使う予定がない文書などは処分する。
・タイトルは、ひと目見ただけで何の文書か分かるように具体的に付ける。
・ファイルのラベルは場所を統一して分かりやすくタイトルを書く。
・フォルダーのラベルは色分けすると識別しやすい。ただし、色が多すぎると逆に分かりにくいため5色程度に留めるとよい。
・書類のサイズはビジネスで主流のA4サイズに統一する。
・使ったら元の場所に戻す。

第3編　ビジネスマナー

プロジェクト管理／仕事管理

1 プロジェクト管理とは

　プロジェクト管理の「プロジェクト」とは、目標を達成するための計画のことをいい、「管理」とは、目標が達成できる状態を維持することをいいます。「プロジェクト」を「管理」するということは、目標を達成するために計画を常によい状態にすることをいいます。

　新製品や新サービスの企画・開発など、ビジネスでは他部署や他社と連携して共同プロジェクトを進めたり、複数のプロジェクトを並行して行うことがあります。そうしたプロジェクトを成功させるためにプロジェクト管理があり、情報を全員が効率よく把握する必要があります。

2 プロジェクトの流れ

　プロジェクトが立ち上がったら、進行計画を立て、それに沿って実行していきます。プロジェクトを実行する中では、「想定どおり進んでいるか」「トラブルはないか」を常に確認しながら進めます。問題が発生した場合は、再計画し実行することを繰り返し、最終的に目標が達成されて終結します。

3 プロジェクトをチームで行う際の日程管理

　何人もの人が関わる作業工程が複雑なプロジェクトは、進捗状況の把握が重要となります。万一、工程が一つでも遅れると、雪だるま式に後の工程に影響を与え、全体の遅れや納期に間に合わない事態に発展することもあります。

　プロジェクト全体を把握しながら各工程を視覚化して管理するプロジェクト管理の代表的な手法として、ガントチャートがあります。

ガントチャート

　ガントチャートは、全体の計画を視覚化し、作業を進めていく「段取り」を項目別にまとめた表です。「全体像を見える化する」ことができるのが利点です。基本的にプロジェクトはチーム（または部・課）ごとに作業を行います。それぞれのチームが、最終的な目標は何か、目標を達成するためにどのような作業があるのか、どのくらいの期間を要するのか、各作業を担当するのは誰か、自分たちのチームは「何をいつまでにどのような作業を行うか」など、全体を通して把握することができます。また、実際に進めていくと「作業が遅れている」「期限までに報告がない」など予期せぬトラブルも起こりえます。ガントチャートを作成することにより、予定通り計画が進んでいるかのチェックや確認も容易に行うことができます。

　ただし、作業期間を短縮する検討が行いにくいこと、複雑な工程の関連が表現できないことが欠点としてあげられます。

　作成方法は、横軸に時間の流れを、縦軸に作業項目を並べ、各作業の長さを時間軸に位置付けて表します。

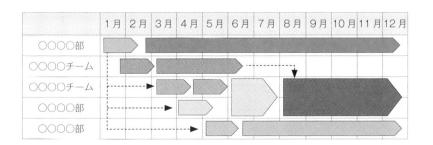

＜ガントチャートに必要な項目＞

・やること（項目名）

・開始日

・完了（予定）日

・作業内容

・担当者

・工程期間

4 プロジェクト業務実施の留意点

①全体を見渡す力

　自分は与えられた作業だけをやっていればよい、と思って仕事をしていては
よい成果は得られません。任された仕事にはどのような意義があり、プロジェ
クトのどの部分を担っているのか全体像を把握し、自分の役割に責任を持つこ
とが大切です。

②先を見越すスキル

　今行っている仕事の先にどんな作業があるのか、先を見越すことができると
求められる仕事の品質や、注意するべきこと、仕事が万一遅れてしまった場合
どのような影響を及ぼすかなど理解でき、心に余裕が生まれます。また、納期
までの時間管理を調整することで無駄を省き、効率を考えることもできます。

③コミュニケーションスキル

　仕事をチームで行うため、多くの関係者とコミュニケーションを取ります。
立場、考え方、価値観、専門性が異なるさまざまな人に、思いや情報を伝える
スキルが必要となります。

5 個人の日程管理

　1日24時間は、すべての人に与えられた平等な時間です。プライベートではどのように使っても自由です。しかし、ビジネスの現場では個人が働く時間は会社のコストとなります。仕事がスムーズに進むように行動予定を管理する必要があります。「忙しすぎて何もできない」「いつ終わるか分からない」とならないように、自分の時間を自分で管理することが重要です。突然のトラブルや急な出来事も見越して、余裕のある日程を組みましょう。

日程管理のポイント

・面談の予約の際にいくつか候補日がある場合、日程表には候補日も記しておく。面談日が決定してから他の候補日を消す。

・出張・外出の際は、移動の時間も考慮して日程を組む。

・企画書や報告書といった書類の提出など、仕事の締切日があるものは日程表に記載する。

・いくつか仕事が重なった場合、優先順位をつける。

・会議や面談の直前・直後は時間に余裕をもたせておく。

チャレンジテスト

このチャレンジテストは、全国経理教育協会主催の過去の1級検定試験問題から抜粋し、検定試験と同様の形式に構成したものです。

チャレンジテストに取り組んで力試しをしてみましょう。問題の後ろには、解答に加えて作問の先生方による丁寧な解説があるので、よく読み、さらにテキストの出題範囲に立ち戻って勉強を深め、実力を養成していきましょう。

※実際の1級検定試験の制限時間は、1時間30分です。
　100点を満点とし、得点70点以上で合格となります。

設問1 次の1から5のカタカナの部分は漢字に、6から10の下線部の漢字は読みをカタカナで解答欄に記入しなさい。（10点）

1. 図書館で資料をエツランする
2. レイサイ企業には厳しい環境だ
3. ヘンケンに満ちた意見を述べる
4. 担当業務をスイコウする
5. ジンソクな対応が重要である
6. 経営戦略が酷似している
7. とても斬新な発想で提案する
8. 取引先に対して便宜を図る
9. 横柄な態度で反発を受ける
10. 稚拙な文章で報告する

［第20回検定試験問題より］

設問2 次の文中の「　」の中の□に入る正しい漢字を解答欄に記入しなさい。（5点）

1. 「孤立無□」とは周囲に頼る者がおらず、助けもないこと
2. 「前□多難」とは多くの困難や障害が、将来に予想されること
3. 「急□直下」とは事態や情勢が急に変化して、解決に向かうこと
4. 「独断□行」とは自分ひとりの判断で、勝手に行動すること
5. 「紆□曲折」とは物事の事情が複雑に込み入って、変化すること

［第19回検定試験問題より］

設問3 次の文のカタカナの部分を日本語におきかえた場合、どのような言葉が適切か、解答欄に記入しなさい。（5点）

1. 新しい計画のガイドラインを会議の場で全員に説明する。
2. 将来の成長に向けた重要なターニングポイントに差し掛かっている。
3. 顧客からの問い合わせに対して迅速なレスポンスが大切である。
4. 宿泊施設の従業員にはホスピタリティが求められている。
5. 新商品の購入ではコストパフォーマンスを重視する。

［第19回検定試験問題より］

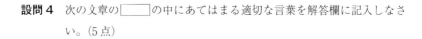

設問 4 次の文章の [　　　] の中にあてはまる適切な言葉を解答欄に記入しなさい。(5点)

1. それぞれが持っている能力を十分に発揮して，充実した人生をおくるために，仕事と生活を共存させていくことが重要であるという考え方を [　1　] という。

2. 就労機会や賃金などの面で，女性への差別解消を目的に1986年に施行された法律で，その後の改正では，募集・採用・配属・昇進での差別を禁止規定とした法律を [　2　] 法という。

3. 国家公務員・地方公務員・私立学校職員などとその被扶養者が加入しており，健康保険と年金保険の運用を行っているものを [　3　] という。

4. 営利を目的としない民間の組織で，特定非営利活動促進法に基いて活動をする法人をアルファベット3文字で [　4　] 法人という。

5. 企業内教育手法の一つで，職場で実務を経験させることによって，仕事に必要な知識や技術を獲得しながら人材の育成や成長を推進させる手法をアルファベット3文字で [　5　] という。

[第18回検定試験問題より]

設問 5 次の文章の □□□□ の中に入る適切な言葉を語群の中から選んで，記号を解答欄に記入しなさい。(5点)

　日本においては，予想されている人口の低減と高齢化に伴う労働力人口の減少が大きな課題として注目されている。労働力人口は，学生と働く意思を持たない者を除く15歳以上65歳未満の就業者と □ 1 □ を合わせた数値であるが，定年退職年齢の延長や女性にとって働きやすい職場作りの推進，□ 2 □ の受け入れなどの課題解決策が急がれる。

　一方で，景気の影響を強く受けることを前提にした雇用の拡大は，国民にとって大変重要な視点である。価値観や働き方の多様化によって増加した派遣社員や契約社員などの □ 3 □ に対しては収入を含めた生活水準の側面から多くの改善点が残されていることも事実である。

　さらに，グローバル化が一層加速する中では □ 4 □ に代表されるような経済の自由化を促進する動きへの対応をしながら，□ 5 □ の増加率を基準として示される経済成長率の伸びを継続させていく取り組みも重要となる。

語　群

ア	政府開発援助（ODA）	イ	完全失業者	ウ	国内総生産（GDP）
エ	外国人労働者	オ	環太平洋戦略的経済連携協定（TPP）	カ	非正規雇用者

〔第17回検定試験問題より〕

第2問 【コミュニケーション】

設問1 次の文章は報告するときのポイントについて述べたものである。
◯◯◯の中にあてはまるものを解答欄に記入しなさい。（5点）

　報告をするときにはまず◯1◯から述べる。必要に応じて経過・◯2◯を述べるようにする。指示された順に報告するのではなく緊急度・◯3◯の高いものから報告する。結果が悪い場合や，対応を急ぐ場合は早目に報告する。◯4◯と推測は区別して，正確に，簡潔に述べる。内容を◯5◯に整理してまとめ，要領よく報告する。

［第16回検定試験問題より］

設問2 次は社外文書の形式である。①から⑤までにあてはまる適切な名称または用語を解答欄に記入しなさい。（5点）

文書番号
① ＿＿＿＿＿＿＿

② ＿＿＿＿＿＿＿

発信者名

③ ＿＿＿＿＿＿＿

前文 ＿＿＿＿＿＿＿＿＿＿＿＿＿＿＿＿＿＿＿＿＿＿＿
主文
末文 ＿＿＿＿＿＿＿＿＿＿＿＿＿＿＿＿＿＿＿＿＿＿＿

記

1.
2.
3.
添付書類

④ ＿＿＿＿＿＿＿
⑤ ＿＿＿＿＿＿＿

［第20回検定試験問題より］

160

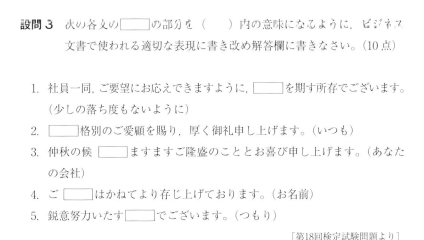

設問3 次の各文の____の部分を（　　）内の意味になるように，ビジネス文書で使われる適切な表現に書き改め解答欄に書きなさい。（10点）

1. 社員一同，ご要望にお応えできますように，____を期す所存でございます。（少しの落ち度もないように）
2. ____格別のご愛顧を賜り，厚く御礼申し上げます。（いつも）
3. 仲秋の候 ____ますますご隆盛のこととお喜び申し上げます。（あなたの会社）
4. ご ____はかねてより存じ上げております。（お名前）
5. 鋭意努力いたす____でございます。（つもり）

［第18回検定試験問題より］

設問4 次のような状況での社会人として適切な言葉遣いを解答欄に書きなさい。（10点）

1. 取引先への電話で伝言を頼んだ際に，相手の名前を聞くとき（クッション言葉も添えて）。
2. 社外会議で新商品を説明した後に「分からないことはないか」と聞くとき。
3. 来客（㈱ホスピタリティ　田中総務部長）が見えたので応接室に通したことを，上司に報告するとき。
4. 取引先からの電話に「声が聞こえないので，もう一度言ってくれないか」と言うとき。
5. 上司である大塚部長に「忙しいときにすまない。来週の会議のことは知っているか」と聞くとき。

［第19回検定試験問題より］

設問1　名指し人が不在時に取引先から掛かった電話の対処の仕方を三つ解答欄に書きなさい。(6点)

［第16回検定試験問題より］

設問2　次の会議の説明にふさわしい会議用語を解答欄に記入しなさい。(5点)

1. 会議開催のために関係者を集めること
2. 会議成立に最低限必要な出席者の人数
3. 予定された議案以外に議題を口頭で提出すること
4. 挙手，起立，投票などの方法で議案の可否を決めること
5. 組織の上位者が，下位者に特定の問題について意見を求めること

［第18回検定試験問題より］

設問3　次の郵便物を郵送する際のもっとも適した方法を解答欄に記入しなさい。(5点)

1. 遠方で葬儀に参列できないとき悔やみ状を添えて送る
2. 世話になった人に商品券を送る
3. 長期出張中の上司に秘文書を送る
4. 毎月顧客にお知らせを送る
5. 株主総会の案内状を送る

［第18回検定試験問題より］

設問4　上司から2泊3日の出張を命じられた際に，準備することを三つ解答欄に書きなさい。(6点)

［第20回検定試験問題より］

設問 5 訪問した会社で名刺交換する際の留意点を三つ解答欄に書きなさい。
（6点）

［第17回検定試験問題より］

設問 6 次の説明にふさわしい祝儀・不祝儀袋の番号を選び，適切な上書きを
解答欄に記入しなさい。（12点）

1. 結婚のお祝いの際の上書き（御祝以外）
2. 60歳のお祝いの際の上書き（御祝以外）
3. 病気のお見舞いの際の上書き（お見舞以外）
4. 葬儀の際に持参するすべての宗教に共通の上書き

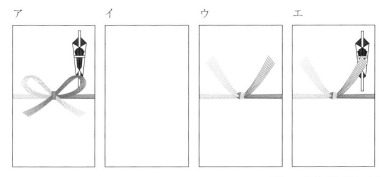

［第15回検定試験問題より］

設問1 解答

1. 閲覧　　2. 零細　　3. 偏見　　4. 遂行　　5. 迅速
6. コクジ　7. ザンシン　8. ベンギ　9. オウヘイ　10.チセツ

〈解説〉

1. 「閲覧」は，注意深く見るという意味です。図書館などには閲覧室があり，書籍や資料を読むことができるスペースがあります。

2. 「零細」は，規模が非常に小さいという意味です。大企業・中小企業・零細企業などに企業規模を分類する際に使われます。

4. 「遂行」は，成し遂げるという意味です。ツイコウと読み間違えないように注意しましょう。

7. 斬新（ザンシン）は，考え方や形が大変新しいという意味です。「斬新なデザイン」「斬新な計画」などという使い方をします。

8. 便宜（ベンギ）は，特別のはからいという意味です。その他に読み間違えの多い言葉には脆弱（ゼイジャク）・生粋（キッスイ）・捺印（ナツイン）・破綻（ハタン）・凡例（ハンレイ）・吹聴（フイチョウ）・杜撰（ズサン）などがあります。

設問2 解答

1. 援　　2. 途　　3. 転　　4. 専　　5. 余

〈解説〉

　四文字熟語はコミュニケーションをするうえで日常的に多用されます。意思疎通を十分に図るためのキーワードとして正しく意味を理解し，的確に使用できることが大切です。今回の問題の他にも頻繁に見聞きするものをいくつか紹介しましょう。

「朝令暮改」…命令や指示が頻繁に変更されたり修正されること

「枝葉末節」…本質からはずれている些細なこと

「紆余曲折」…物事の事情が込み入って変化すること

「意味深長」…表面的な意味だけではなく，深い意味が含まれていること

設問 3 解答

1. 目安・指針　　2. 転換点　　　3. 反応・応答
4. もてなしの心　5. 費用対効果

〈解説〉

　ビジネス場面でもカタカナ用語は多用されるので，コミュニケーションの中で的確に使用することができるよう言葉の意味を正しく理解しておきましょう。今回の問題の他にもキャパシティー（収容力・限界値），マーケットシェア（市場占有率），フレキシブル（柔軟な・融通性のある），コンテンツ（内容・目次），アメニティー（快適性），ソリューション（課題解決），ダイジェスト（概要・要約），オーソドックス（公認の・正統な），インストラクション（指示・命令），オプション（選択・選択権），リーズナブル（手頃な・妥当な）など多数のカタカナ用語が頻繁に使用されます。

設問 4 解答

1. ワーク・ライフ・バランス　　2. 男女雇用機会均等
3. 共済組合　　4. NPO　　　　5. OJT

〈解説〉

1. ワーク・ライフ・バランス（Work Life Balance）は，働き方の多様化が進む現在において，仕事と生活の両立を実現するために子育て支援や柔軟な雇用形態を活用して図ること。

3. 共済組合では健康保険と年金保険の運用を行っており，国家公務員・地方公務員・私立学校の教職員などとその被扶養者が加入しています。国家公務員共済組合のほか，地方公務員共済組合・私立学校教職員共済組合，農林漁業団体職員共済組合からなっています。

4. OJT（On The Job Training）は，実際に職場で仕事をしながら上司や先輩などから指導を受けたり，失敗から学ぶことによって人材育成を図るという企業内教育手法の一つです。これに対し，職場から離れて研修会や講習会で知識を獲得したり，意識の向上を図る手法をOff-JT（Off The Job Training）と呼びます。

設問 5 解答

1. イ　　2. エ　　3. カ　　4. オ　　5. ウ

〈解説〉

　少子高齢化は，日本の労働力人口の低減にも直接的な影響を及ぼすことが確実視されています。働き手の総数ともいえる労働力人口の減少は，経済の低迷や国の活性化にもマイナスの影響を与える可能性が高いため，定年の延長や女性の活躍推進さらには外国人労働者の受け入れなどさまざまな施策が導入されています。価値観や働き方の多様化によって，雇用においても近年大きな課題が生まれています。特に非正規雇用者といわれる派遣社員や契約社員の雇用の安定性や収入面での正規雇用者との格差など，早急に解決すべき課題が山積しているのも事実です。今後外国人労働者の受け入れを推進していく過程においては，その受け入れ態勢や生活面でのサポートなど今までとは異なる発想や制度の充実が求められる時代が到来しているともいえます。

第2問【コミュニケーション】

設問 1 解答

1. 結論　　2. 理由　　3. 重要度　　4. 事実　　5. 5W3H

〈解説〉

　報告のポイントとしては，必要に応じてメモや文書を添えること，数字が多いものは，口頭で概要を報告しデータ表や文書などにして報告すること，指示した人に報告することなどもあります。

設問 2 解答

1. 発信日付　　2. 受信者名　　3. 標題（件名）
4. 以上　　　　5. 担当者名

〈解説〉

　社外文書でも社交文書（挨拶状・祝い状・礼状・見舞状・悔やみ状）では，文書番号をつけずに縦書きにすることが多くなります。縦書きは頭語・前文・主文・末文・発信日付・発信者名・受信者名の順に書きます。

設問 3 解答

1. 万全　　2. 平素　　3. 貴社・御社　　4. 高名　　5. 所存

〈解説〉

ビジネス文書で使われる適切な表現として，下記もよく使われます。

・つまらないものですが，笑って納めてください。

　　→粗品ではございますが，ご<u>笑納</u>ください。

・季節柄，健康に注意してください。

　　→時節柄，ご自愛のほど，お祈り申し上げます。

・確認してお納めください。

　　→ご確認のうえご<u>査収</u>ください。

・結構な品を頂戴しましてありがとうございます。

　　→結構なお品をご<u>恵贈</u>くださいましてありがとうございます。

設問 4 解答

1. 失礼ですが，お名前をお聞かせいただけますでしょうか。
   恐れ入りますが，お名前をお聞きしてもよろしいでしょうか。
2. ご不明な点はございませんでしたでしょうか。
   お分かりにくい点はございませんでしょうか。
3. 株式会社ホスピタリティ総務部長の田中様がいらっしゃいましたので，
   応接室にご案内いたしました。
4. お電話が少々遠いようです。恐れ入りますが，もう一度おっしゃっていただけますでしょうか。
5. お忙しい中申し訳ございません。来週の会議の件は，もうご存知でいらっしゃいますでしょうか。

〈解説〉

1. こちらが聞くので，次の謙譲表現にします。
   ①「お（ご）〜する（いたす）」に置き換える。
   ②「お（ご）〜いただく」に置き換える。
   「恐れ入りますが，お名前をお聞きしてもよろしいでしょうか」も適当です。
2. 自分の説明では不十分だったのではないかと思いますので，何でもお尋ねくださいとの意味も込められています。
   「お分かりにくい点はございませんでしょうか」も適当です。
3. 「声が聞こえないので」と相手の責任になるような言い方ではなく「お電話が少々遠いようです」という言い方がよいでしょう。

設問1 解答

1. 名指し人が不在であることをお詫びする。
2. こちらから掛け直すと申し出る。
3. 相手の連絡先（会社名・名前・電話番号）と連絡するのに都合のよい時間を聞く。

その他，自分の名前を伝える。

〈解説〉

　名指し人が外出中，出張中，会議中，接客中は上記のようにするのが適切です。また席をはずしている，電話している場合は少し待っていただき様子を見ますが，長引くときは同様に対処します。伝言メモは5W3Hにのっとって書き名指し人の机上に置きますが，戻り次第メモのことは口頭でも伝えます。外出中，出張中に急用と言われたときは自分で名指し人に連絡をとります。電話の相手に名指し人の行き先は言いません。会議中，接客中に急用と言われたときは，いったん電話を切り，メモで名指し人に知らせ指示を仰ぎます。

設問2 解答

1. 招集　　2. 定足数　　3. 動議　　4. 採決　　5. 諮問

〈解説〉

ビジネス社会で頻繁に行われる会議用語を覚えましょう。

　この他

・議案…協議事項・議題

・答申…諮問に対して答えること

・一事不再議の原則…いったん会議で決まったことは，その会期中に二度と持ち出せないという原則のこと

・キャスティングボート…採決にあたり賛成と反対が同数になった場合，議長が投票権を行使すること

設問3 解答

1. 現金書留　　2. 書留　　3. 簡易書留
4. 料金後納郵便　　5. 料金別納郵便

〈解説〉

郵便の知識をもち，内容物に見合った適切な使い分けができるようにしましょう。

1. 現金書留は封筒を郵便局で買い求めます。硬貨も含め50万円まで現金を送ることができ，手紙も入れられます。結婚や葬儀やお見舞いを送るときに用いるのが一般的です。
2. 万一郵便物が破損や届かない場合には補償を受けられます。商品券や小切手などの有価証券を送るときに利用します。
3. 5万円を限度とした補償を受けられます。重要文書や原稿，5万円以下の有価証券を確実に送るときに利用します。
4. 毎月50通以上の郵便物を出す場合，差出局の郵便局の承認を得て利用します。
5. 同額料金の郵便物を同時に10通以上発送する場合に利用します。株主総会の案内などを送るときに利用します。

設問4 解答
1. 交通機関の手配　　2. 宿泊の手配　　3. 旅費の準備
この他 資料や名刺の準備，関係者に連絡

〈解説〉
　出張は時間を要するので，他のスケジュールと事前に調整を図り出張日時を決めます。役職などにより利用できる交通機関や宿泊，日当などを定めた旅費規程がありますので，それにのっとり行います。

設問5 解答
1. 自分から先に名刺を出す。
2. 会社名と名前を言い，両手で相手に向けて出す。
3. 相手からいただいた名刺は，テーブル上に置いておく。
この他，余白を持つ，胸の高さでいただく，いただいた名刺は復唱確認するなど。

〈解説〉
　名刺は名刺入れに20枚ほど入れておきます。名刺を差し出す際には，基本的に来訪者，目下から起立した状態で差し出します。名刺入れから名刺を取り出し「私は○○会社の○○と申します。よろしくお願いいたします」と言いながら会釈をし，相手に名前が読めるように向けて両手で差し出します。同時交換のときは名刺入れの上に相手の名刺はいただきます。複数交換のときには上位者に先に名刺を出します。珍しい名前などは話のきっかけにもなります。辞去する際に「頂戴いたします」と言い名刺入れにしまいます。名刺はその人の顔になりますから丁寧に扱います。

設問6 解答

1. エ　　2. ア　　3. イ　　4. ウ

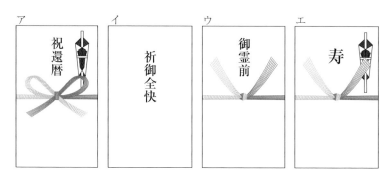

〈解説〉

　祝儀袋・不祝儀袋の正確な違いと，上書きを漢字できちんと書けることはビジネスマナーに必要なことです。

1. 結婚のお祝いですから水引は一回きりという意味の結び切りで，祝い事に付く熨斗（のし）がありますから，エとなります。上書きは「寿」「祝御結婚」「結婚御祝」などがあります。
2. 60歳の長寿のお祝いですから水引は何回あってもよい蝶結びで，熨斗付きですからアとなります。上書きは「祝還暦」「還暦御祝」「寿」などがあります。
3. 病気お見舞いですから，水引なしのイとなります。上書きは「祈御全快」となります。
4. 葬儀ですから水引は結び切りで，熨斗なしのウとなります。上書きはすべての宗教に共通ということで「御霊前」となります。

　記名は水引の下にフルネームで，慶事は濃い墨で，弔事は薄い墨（涙で薄くなったという意味）で書きます。また，慶事に用いる紙幣は新札，弔事に用いる紙幣は使用したものを用い，病気のお見舞いに際しては目上の方には現金は贈りません。

索　引

参考文献・資料

- 『おどろくほどかんたんに秘書検定準1級に受かる本』（あさ出版）
- 『これだけ！SMART』（倉持淳子著、すばる舎）
- 『最新時事用語＆問題』（新聞ダイジェスト社）
- 『残業もミスもなくなる！仕事が速い人になるコツ』（学研）
- 『J検　情報活用3級完全対策公式テキスト』（日本能率協会マネジメントセンター）
- 『史上最強のビジネスマナー』（古谷治子監修、ナツメ社）
- 『自信がつくプレゼンテーション』（富士通エフ・オー・エム）
- 『実践ビジネス・コミュニケーション』（創生社）
- 『社会人基礎力を鍛える新人研修ワークブック』（山崎紅著、日経BP社）
- 『社会人常識マナー検定テキスト2・3級』（公益社団法人全国経理教育協会）
- 『情報セキュリティ読本』（独立行政法人情報処理推進機構）
- 『初心者のためのリスクマネジメントQ＆A100』（日刊工業新聞社）
- 『その幸運は偶然ではないんです！』（ダイヤモンド社）
- 『使える！好かれる！ものの言い方伝え方　マナーの便利帖』（澤野弘）
- 『ビジネスコミュニケーション講座』（日経BP社）
- 『「ビジネスマネージャー検定試験」テキスト＆問題集』（コンデックス情報研究所、成美堂出版）
- 『秘書検定1級集中講義』（早稲田教育出版）
- 『秘書検定準1級集中講義』（早稲田教育出版）
- 『見てわかる基本のビジネスマナー』（相部博子監修、西東社）
- 経済産業省ホームページ
- 厚生労働省ホームページ
- 総務省ホームページ
- 中央企業庁「中小企業白書」
- NPO日本ネットワークセキュリティ協会ホームページ

執筆者

「社会人常識マナー検定テキスト」制作委員会　前原　恵子

近藤　圭子

林　　久子

執筆責任者・編集人

前原　恵子　まえはら けいこ

トレランスアクト株式会社 代表取締役社長。人材育成コーディネーター。
大学・短大・専門学校講座講師、企業研修講師、病院研修講師。秘書、専門学校主幹教員を経て現職。コミュニケーション・接遇マナーなどを指導する講師育成にも力を注いでいる。全国経理教育協会「社会人常識マナー検定」主任作問委員。

主な著書（共著含む）

『おどろくほどかんたんに秘書検定 2 級に受かる本』（あさ出版）
『おどろくほどかんたんに秘書検定準 1 級に受かる本』（あさ出版）
『一問一答 合格力 up! 秘書検定 2・3 級試験対策短答問題集』（秀和システム）
『社会人常識マナー検定テキスト 2・3 級』（公益社団法人全国経理教育協会）
他

監修

公益社団法人 全国経理教育協会

社会人常識マナー 検定テキスト 1級 第1版

1版1刷発行 ● 2022年3月18日

発行所

株式会社エデュプレス

〒336-0025 埼玉県さいたま市南区文蔵1-4-13　Tel. 048(866)1066　Fax. 048(862)7055
https://edupress.net/

発売所

株式会社清水書院

〒102-0072 東京都千代田区飯田橋3-11-6　Tel. 03(5213)7151　Fax. 03(5213)7160
https://www.shimizushoin.co.jp/

印刷所

株式会社エデュプレス

ISBN978-4-389-43057-3 C2036

乱丁、落丁本はお手数ですが当社東京営業所宛にお送りください。
送料当社負担にてお取り替えいたします。
［東京営業所］
〒101-0032 東京都千代田区岩本町2-4-10　Tel. 03(3862)0155　Fax. 03(3862)0156